凱信集團

**用對的方法充實自己，**
**讓人生變得更美好！**

# 和孩子

# 對話

## 你的孩子才會是你的孩子

### 用溝通陪你一起長大

【自序】

# 在孩子成長的過程裡，「陪伴」才是他們最需要的

當了媽媽之後，才開始明白一個健康的原生家庭對於孩子是多麼的重要！孩子的安全感、自信、對世界的認識，都立基在爸媽的身上，原來自己正深深地影響著另一個人的生命。

每個爸媽對孩子都有自己一套的教養想法，「尊重」是最基本的原則！我極不喜歡別人在不認識我孩子的狀況下，告訴我怎麼教孩子，所以，我也沒打算這樣做！這些記錄都是發生在我家的實際狀況，不表示適用在每一個孩子或家庭身上；經驗可以分享，但不能直接套用。這本書裡收錄的是我陪伴孩子成長的點滴記錄精華，我希望藉由一則則成長日記的分享，讓爸媽們了解，在孩子成長的過程裡，「陪伴」才是他們最需要的。

在當媽媽的過程中，不諱言學習教養的知識方法是必要的，但是這些必須建立在「陪伴」的前提上，很多孩子的狀況不是一個教養方法就能解決，而是需要爸媽長期的陪伴，和孩子一起經歷跟度過他們生命中的每一個成長。

與其說是父母教養孩子，不如說彼此是在人生路上一起學習的夥伴，身為父母的我們雖有引導和發掘的責任，但卻也不能因此而忘了謙卑，因為，每一個孩子都是獨一無二的生命體，我們都必須學習去尊重。

## 人物介紹

**媽媽**

專職主婦，兼職翻譯，有認真病、急性子，以老公兒子為最優先。

**爸爸**

職業樂手、幽默風趣、愛老婆愛小孩到不可自拔！

**恩恩哥哥**

14 歲，國中開始在家自學的亞斯兒，獨立、壓抑、愛看書，對媽媽很好。

**阿路弟弟**

12 歲，小哥哥兩歲，活潑外向、愛交朋友、愛說話，甜言蜜語最厲害。

【自序】在孩子成長的過程裡，「陪伴」才是他們最需要的／008
人物介紹／009

## PART 1 媽媽與孩子

### 媽媽與阿路的生活日常

* 阿路的玻璃心／016
* 人緣好不好有關係／030

### 媽媽與亞斯哥哥恩恩的教養

* 完全的接納／044
* 外星球來的 Skywalker／052
* 不知變通？／068
* 人際關係／080
* 恩恩的愛恨情仇／094

## PART 2 兄弟

* 相親相愛／108

＊不一樣／114
＊同心合意／126


## PART 3 有關學習—孩子在日常與學校


＊什麼是學習？／138
＊陪孩子成長／154
＊生活常規／160
＊學校不教的事／174
＊讀聖經教養孩子／182

## PART 4 媽媽經


＊沒有一百分的媽媽／202
＊愛是根基／218
＊父母感情好是孩子的安全感來源／232
＊每一個孩子都是獨一無二的／240

# 媽媽與孩子

# PART 1

# 媽媽與阿路的生活日常

## 阿路的玻璃心

### 同學不喜歡我？

最近我家的阿路，跟阿嬤、跟英文老師都會透露他覺得班上同學不喜歡他……好幾次我試著跟他聊這件事，他都會說：「現在好像還好啦！」

「那你為什麼會覺得他們不喜歡你呢？可以說說看給媽媽聽嗎？」

「是班上坐我旁邊的三個人，他們很喜歡亂動亂翻我的東西，我在寫字他們也亂弄，害我都寫不完了。」他無奈地說。

「那你有請他們不要鬧你，或是有跟老師說嗎？」我問他。

「我沒有跟老師說，我不想打小報告。」

「那他們亂弄你東西，你怎麼辦？」

「我就忍耐呀！」阿路不以為意地回答。

我繼續追問：「你在班上有好朋友嗎？還是有喜歡跟他一起玩的人嗎？」

「當然有啊！我都是跟著去玩。不過，有時候我不喜歡他們玩的遊戲。」

「他們玩什麼遊戲你不喜歡？」

阿路說：「他們玩大家一起打我的遊戲，我就不喜歡啊！」

我和阿路的對話還有很長……

結束這一段對話之後，媽媽心疼阿路的同時，心裡想著的是：「他在學校是不是也被欺負了？我應該怎麼處理跟幫助？」

我想了想之後跟阿路說：「路，你知道誰很愛你、很喜歡你嗎？」

「我知道呀！上帝、爸爸、媽媽、哥哥、阿公、阿嬤、阿婆……」阿路細細地數著。

「對呀！我們都好喜歡你唷！世界上有好多人，沒辦法要求大家都喜歡我們，但是你

要記得我們都很愛你喔！」說完將他一把緊緊地抱進懷裡。

♥

後來又發生了類似的狀況，阿路自己的處理方式是：

一、告訴對方他不喜歡對方做的事。

二、不理會對方。

但都無法讓對方停止捉弄他；阿路又不想當打小報告的人。

後來在阿路的同意下，我將這件事寫在聯絡簿上告訴班導師，除了說明同學對阿路做了哪些事之外，也請老師先「暗中觀察」，因為我們希望能客觀的去了解實際狀況，也表達我們並不認定一定是同學的錯，只希望能夠從中了解阿路的人際關係到底出了什麼問題？

幫助孩子在人際關係中看見問題的癥結，進而去省思在這個關係中自己應該如何自處，才是我們最希望教給孩子的。

# 媽媽內心話

孩子長大終究要面對自己的人際關係和世界，那不是父母能代替他面對的，我們只能為他祈禱，並在他需要的時候給他幫助、建議，然後陪伴他度過每一個生命中困難的時刻，至少，孩子知道，不管怎樣，我們都是他永遠的後盾。

# 暖心加演小劇場

## 抱抱

睡覺之前，哥哥拿聯絡簿要我簽名……

「拿一枝筆給我。」我說。

「好。」哥哥飛快地跑去。

「啊！拿錯了，這是鉛筆！」再度折回。

「咦？怎麼是紅筆？」哥哥一直拿錯筆。

看他跑進跑出的，於是我說：「哥哥，你到底要給我什麼啦？」

在一旁的弟弟搶著說：「要給妳抱抱啦！」

我大笑了！

上周五，阿路下課回家，一進門就哭著說：「我好難過。」然後，我注意到他臉上、腳上都畫了很多彩色的線條……趕緊抱抱他，並弄清楚發生了什麼事。

原來阿路在上第二堂英文課時，在紙上畫了一個人，然後他就想要把自己變得跟他畫的人一樣，所以他就用彩色筆幫自己在臉上、手上、腳上都畫上跟他紙上畫的人一樣的線條。阿路說英文老師好像還滿喜歡他這樣的，同學也一直靠近他，都很好奇他把自己畫成這樣。到第三堂課的老師，甚至還說要幫另外一個同學畫上豬鼻子……一直到這裡，阿路都沒有不好的感覺，也不覺得同學的笑或老師的反應有什麼惡意。

直到上第四堂課時，班導師說：「你畫成這樣大家都會嘲笑你，你去洗掉。」阿路這才開始覺得好難過，覺得被嘲笑了。

這事件裡其實包含了很多層面的議題，媽媽邊聽阿路敘述腦子邊整理，然後，再一個一個跟阿路聊：

**一、先單純接受班導的好意**

我跟阿路說：「老師是好意，因擔心你會被嘲笑，所以才會跟你這樣說。所以，先

不管老師所說的內容是對或錯，我們先感受老師的好意。」

## 二、被嘲笑了嗎？

其實在班導師跟阿路說之前，阿路並不覺得自己被嘲笑了，雖然大家覺得他很好笑所以一直笑，但阿路自己也覺得很開心，那就好啦！自己的感受才最真實呀！

## 三、就算真的被嘲笑

我跟阿路說，他的確是做了一件大部分的人都不會做的事，所以，別人一定會很好奇，或是覺得他很奇怪，也可能覺得他很酷……各式各樣的看法都可能會有。但如果這件事並不會傷害人，阿路也喜歡，媽媽覺得很好呀！都可以試試看。但是，也要有勇氣面對不一樣的看法，我用自己的短髮當例子，媽媽一直都喜歡像男生一樣的短髮，也被說過像男生、不可愛。但媽媽覺得自己這樣很好，所以還是留自己喜歡的髮型呀！

（這時阿路說：「不會呀！我覺得媽媽短髮很漂亮！」貼心的孩子。）

上帝爸爸造每一個人都有他獨特的地方。最後我抱著阿路為他禱告，他就開開心心的去吃飯了。當然，一整天他的臉跟腳都如他所願的跟他畫的人一模一樣。

這件事我想了一整天，也思考著要如何跟老師溝通……在不影響及不傷害他人的情況下，希望老師能讓阿路做他想嘗試的每一件事。

# 媽媽內心話

幫助孩子釐清跟正視自己的感受，是孩子認識自己的第一步，大人們的言語多是帶著自己的想法，孩子很容易在大人的話語中迷失了自己的感受，因此陪伴孩子釐清感受是我們所看重的。每個孩子都是獨一無二的，但這樣的獨一無二如何在社會裡生存呢？孩子需要認識自己，需要有智慧去分辨他人的言語，更需要有勇氣活出自己的獨特，我們希望能透過這樣的陪伴，讓孩子生出這些重要的能力。

# 暖心加演小劇場

## 時尚？

剛染完新髮色回家⋯⋯

阿路在一陣打量後說：

「媽咪，妳這個頭髮顏色有點銀銀白白的欸，

妳以後老了就會這樣了啊！這樣看起來變老了耶！」

呃⋯⋯這是時尚！時尚！！（媽媽崩潰中～）

我家每天都有好笑到不行的對話。

阿路是個情感豐富的孩子，換言之，也就是比較情緒化，而這也影響了他對人的喜惡，極度分明。他對討厭的人，會非常的不客氣，不論那個人做什麼事，他都看不順眼；但對喜歡的人，卻有極大的包容度。在這樣極端的喜惡下，相對地，喜歡他的人都很喜歡他（通常是長輩）；但討厭他的人，也會很討厭他（通常是同儕）。

一個星期六，他又跟教會的小朋友起了衝突，他被打了……打他的那個孩子還特地跑去跟哥哥說：「請管好你弟弟！」

回家的路上，我問他原因和發生經過（其實我已先問過在場的第三者小朋友，心裡有一點底）……簡單的說，就是孩子們不讓阿路一起玩，他為了想跟大家一起玩，他就告訴當鬼的小朋友，其他人藏在哪裡！被抓到的孩子覺得他是料北啊，很生氣，就打了他，但阿路沒有還手。從結果來看，阿路又被更討厭了。

一路上我們談了好久的「討厭人跟被討厭」這兩件事，剛好，阿路有很討厭的人，因此他似乎比較容易瞭解這其中的一些眉角。最後，我問他，那他打算怎麼做？

阿路說：「對於我討厭的那個人，如果他又做了我不喜歡的事，我會好好的跟他說『我不喜歡這樣！』但如果他不停止，繼續做我不喜歡的事，我就會去跟大人說，盡量不對他大吼大叫。」

看著阿路，我心裡滿是感觸！每一個孩子的內心都渴望能擁有朋友，但對於「自己被討厭了」這件事，往往都不明白到底問題出在哪裡？更遑論該從何做起！於是，常淪為單方的一廂情願。對於這情形，做父母的更是不樂見，但這卻也是人際關係裡如何都避免不了的事。

我對阿路說：「若是你真心想跟別人做朋友，就要多為對方設想，不要做別人會討厭的事，要做對方會開心的事，但**前提是不委曲自己。**」

阿路點點頭，雖然我不知道在他的小腦袋瓜裡對我說的話能有幾分的理解，但媽媽能做的就是協助他找出問題、突破解決，能重新開展良好的同儕關係。

# 媽媽內心話

每個人都不想被討厭，但卻無法控制別人對自己的想法，因此我們告訴阿路，對於討厭他的人，如果自己想跟他做朋友，就儘量學習用對方喜歡的方式，但那個方式要是「對」的，要是沒有違反上帝真理的方式。但如果「被討厭」非關真理對錯，只是個人喜好，他也可以選擇不改變，但就要不害怕「被討厭」！一個能同理別人但又不害怕被討厭的孩子，必定也能有力量面對長大後的複雜社會。

# 暖心加演小劇場

## 裝水

「媽媽，因為妳想喝熱水，但我和哥哥想喝冰水，
所以我都裝了一些回來喔！」
剛剛下樓裝水回來的阿路，一開門就大聲說。
「就一壺？」我納悶著。
「是的！都在這一壺，裡面有熱的也有冰的喔！」
「你太貼心了！」我跟爸爸一邊說謝謝他，一邊大笑……
阿路，你太可愛了啦！！！

# 人緣好不好有關係

## 我們是一國的

周六團契結束到教會接小子們，哥哥恩恩照慣例在讀書角看書，阿路跟很多孩子一起在教室裡玩紅綠燈，我在門口看他們玩了一陣子，發現阿路一直當鬼，即便捉到了人，其他的孩子也會幫忙新的鬼再捉阿路，所以，他才會一直在當鬼。光我看的時間內就發生了兩次，而且都是不同的孩子。

回家的路上，阿路也表達他覺得被欺負了。於是我們在車上有了以下的對話：

恩恩：玩紅綠燈的時候，大家都會去捉跑最慢的那個人，我也是這樣，如果弟弟是跑最慢的，我也會去捉他啊！

阿路：我不會注意誰是跑最慢的……而且，我跑很快啊！

媽媽：哥哥，對於阿路的狀況，你有什麼建議嗎？

恩恩：我有四個建議……（果然是思慮總是條列化的哥哥）

一、一直跑給鬼追，不要紅，他追不到就沒辦法啦！

二、忍耐。

三、不要玩了。

四、聯合別人同盟做一樣的事。

媽媽：阿路，你會想用哥哥的建議嗎？

阿路：我可以一直跑給鬼追，如果大家還是一樣，我就不要玩了。哥哥都不陪我玩，都一直看書。

媽媽：哥哥，如果你一起玩，你會跟弟弟同盟嗎？還是也會捉他？

恩恩：他如果是跑最慢的我會捉他呀！

阿路：那我會覺得被背叛了。

媽媽：哥哥，你瞭解阿路說的感覺嗎？在大家都在捉他時，你也捉他的話，他會覺得很難過，因為你是他的哥哥，他希望你能幫助他，跟他一國。

恩恩：喔！那我就幫他當鬼去捉別人呀！或是跟他同盟。
阿路：那你下次不要一直看書，陪我一起玩啦！
恩恩：好啦！
單純的阿路，臉上才又展開了笑容。

兩個孩子的性格也太互補了，希望他們能一直相親相愛到老！
但，阿路在孩子間的人緣真的不太好呀！媽媽真是要好好找一下問題出在哪裡了。

# 媽媽內心話

透過同樣是孩子的立場，能讓孩子用不同的視角看待同一個事件，哥哥的性格跟阿路完全不同，因此能看見許多阿路不曾想過的，幫助阿路更了解在一個群體裡的規則。

孩子的問題在媽媽的引導下，先交給孩子們討論是我們家很常用的方式，除了事件的本身之外，孩子在討論的過程中也能看見彼此的需要。

## 我做了不好的事

教會的團契活動結束去接阿路時，看他紅著眼眶站在教室外面的走廊，我問他：「怎麼啦？」

「現在我不想說。」阿路頭低低的。

「沒關係，等你想說的時候，媽媽都會聽。」我拍拍他的頭。

上了捷運，想跟他玩玩遊戲讓他開心一點，但才玩一下下，阿路又開始紅了眼睛……

「媽媽，妳覺得我會做不好的事嗎？」

「嗯～我想你應該不會吧！」

他安靜了一會兒，接著說：「其實我不想告訴妳，覺得說出來會被妳罵；可是不說我心裡很不舒服。」

「發生什麼事？你做了不好的事嗎？」我追著問。

阿路鼓起勇氣：「今天去教會，我就一直想到上次大家欺負我的事情，我很想要報仇！於是，我就拿玩具飛機去丟那個女生，可是沒丟到；那個女生也回丟我，也沒丟到，但她丟到另一個男生，結果那個男生就回丟我……後來他和另一個男生又過來踢我，還趕我出去……」

「所以，你就自己站在走廊上喔？」

「沒有，我先去別的教室，跟自己講話。」

「跟自己講話？講什麼？」我好奇地問。

「就一直跟自己講『是因為上次他們欺負我，我才會丟東西……』然後我跟耶穌禱告。」

「嗯嗯，你跟耶穌禱告什麼？」

「就請耶穌給我勇氣……我真的很想跟他們玩……可是我做了不好的事，請耶穌給我勇氣去道歉！所以我才一直在走廊上走來走去，然後妳就來接我了。」阿路邊說邊哭。

說完後，阿路躺在我身上哭了一會兒……

我安慰地拍拍他說：「你確實是做了不好的事！但你也很棒，知道自己做錯了，想去道歉……那，下週六媽媽找輔導陪你一起去跟小朋友們道歉好嗎？」

「好。」阿路把我抱得更緊了。

看來阿路的「人際關係課」還有很多的功課，要陪著他一起做呢！

隔了一週，我陪阿路去道歉了。道完歉，他又在我懷裡哭了好一會兒……

我知道他很委屈，所以我跟阿路說：「你好棒！能夠知道自己做了不對的事，還能勇敢地去道歉，真的很棒很棒！至於你的委屈、被欺負的事，我相信上帝都看到了。如果之後，還是再被欺負或有覺得不舒服的事發生，可以試試用哥哥之前曾經跟你說的建議方法，這樣就能避免做不好的事情了，對吧？」

之後，我帶阿路一起禱告……

禱告結束，他擦乾眼淚：「那我要去跟大家一起玩了哦！」

隨即見他開心地再度加入了小朋友們遊戲的行列裡，感謝主。

# 媽媽內心話

我們不能控制或要求別人對自己犯的錯有感，但是我們能決定和選擇自己要做什麼樣的人，不因著別人的行為而改變自己。

堅持做對的事，是我們想給孩子的重要品格之一。

# 暖心加演小劇場

## 貼心路

有一天，阿路放學回家後，
把功課寫完，還乖乖的自己唸完了要複習的國語，
然後自告奮勇的要幫我去超市買晚餐的火鍋料；
吃完飯，幫忙到樓下倒垃圾，
晚上陪爸爸一起找音樂、幫媽媽的 candycrash 配音效，
還分別幫爸爸媽媽泡了熱咖啡……
然後阿路說：「我想要得到獎勵。」
「什麼獎勵？」我問他。
「嗯，我只是想要跟爸爸擁抱和親親。」
說完的瞬間，便飛撲到爸爸張開雙手的懷抱裡。
他八歲，最常說的話是……「我好幸福喔！」

很多媽媽都會遇到孩子要求想要的東西，或許是零食飲料，或許是玩具金錢，一旦拒絕，小孩就生氣、發脾氣大哭大鬧，或是裝可憐……通常在這個情況下我是不會給，也不會因此而心疼孩子或對孩子生氣，因為孩子是需要學習面對「被拒絕」，更要了解拒絕他的人並沒有錯，他不能把自己的情緒轉嫁到拒絕他的人身上。

阿路小的時候，有一次跟我到超商，看到一臺挖土機，他好喜歡……

「媽媽，我喜歡這臺車車，買給我好不好？」當時小小的路要求著。

「嗯，媽媽沒有多的錢可以買這個車車喔。」我拒絕了他的要求。

「買給我啦！買給我啦！」

（眼看就要開始吵鬧了）

我立刻模仿他的口氣說話：「阿路，我也好想要一間房子喔！」

（阿路一臉的疑惑……）

「買給我好不好？買給我嘛！買給我啦！」

「我沒有錢啊！」小阿路如是說。

「喔，這樣啊！那媽媽也沒有錢。你有想要買的車車，媽媽也有想要的房子，可惜我們都沒辦法買給對方……真的好可惜喔！那我們回去存錢吧！」我邊說邊牽著他離開超商。

「好啊！回去存錢吧！」小阿路這才心甘情願地跟著我回家。

♥

有一天，本來和哥哥在玩遊戲的阿路跑來跟我抱怨：「媽媽，我不喜歡哥哥，我要把哥哥排到最後一名。」

「為什麼？哥哥怎麼啦？」我關心地問。

「因為哥哥玩遊戲都不按我的規則，拒絕我的方法，什麼都要聽他的，我不喜歡他。」阿路氣呼呼的說。

原來是這樣。我聽了之後莞爾一笑，安慰阿路：「你不喜歡哥哥玩遊戲的方式，但不一定就是不喜歡或不愛這個人喔！不要把事跟人混在一起，如同上帝常常不喜歡人們做的事，但祂愛每一個人；你們調皮搗蛋時，媽媽也很不喜歡你們做的事，你覺得媽媽也不喜歡你們嗎？」

「沒有，妳很喜歡我們。」

「對啊！所以當我們不喜歡別人做的事情時，不一定就是不喜歡那個人，對嗎？」我問阿路。

「嗯嗯，對。」阿路似懂非懂的點著頭回答我。

「所以，對事不對人，也許你現在還不能完全理解，但只要記住，做人做事不要意氣用事，才不會做讓自己後悔的決定哦。另外，在面對別人的拒絕時，一定要先溝通，「生氣」對事情一點幫助都沒有，唯有好好說才不會傷和氣，才有可能找到解決方法。」

「媽媽，我知道了！」阿路這才又開開心心的回到和哥哥的遊戲裡。

# 媽媽內心話

不為別人的情緒負責，也不應該讓別人為我們的情緒負責！即使我們不喜歡別人做的事，也不該因此輕易的討厭那個人。

孩子如果從小就習慣人與事不分，長大後就更不可能分得清楚，因此在小小的事件裡都能有機會，讓孩子學習將事與人分開。

## 暖心加演小劇場

# 本來就壞了

阿路仍舊發燒中，所以學校請假一天；

而媽媽的胃痛也持續中……

早上幫阿路換毛巾時，我跟阿路說：

「最近腸病毒很流行，你愛咬指甲，很容易吃進病毒喔！

所以要常洗手，最好也能改掉咬指甲的習慣。

你有發現你比哥哥容易感冒嗎？」

「嗯……所以媽媽妳常常生病也是因為沒洗手嗎？」

阿路逃避回答，反問我。

「當然不是，媽媽生的病都不是因為傳染，是媽媽的腸胃比較不好。」

「喔，那妳是體質不好，身體本來就壞了哦？」

媽媽：「………………………………」

（還可以跟我練笑維，看來病情應該沒有太嚴重！）

# 媽媽與亞斯哥哥恩恩的教養

## 完全的接納

### 我的兒子恩恩

某天遇到恩恩的老師，老師說恩恩排路隊的時候總是一直自己在玩手，不認識他的老師們都用奇怪的眼光看他……

說真的，當媽媽實在很不能忍受別人對自己的孩子投以異樣的眼光！所以，一開始我總會要求恩恩在別人的面前要符合一般人的樣子，因為擔心別人因恩恩的特別而錯待了他，甚至沒給他跟一般人一樣的機會。後來我想通了，與其要求恩恩為要符合一般人的樣子而不斷的制止他，不如**陪他一起面對那些眼光，勇敢的當個特別的孩子吧！**也許會被錯待、也許會被嘲笑……但是，**陪他一起面對，或許才是真正的愛他、接受他、珍惜他。**

恩恩一直是個很特別的孩子，尤其越長大越有自己的想法。他的好奇心很重，對每樣東西都很有興趣，也因此四歲的他就因為好奇而自己學會了很多國字，五歲幾乎就能認得繪本裡的每一個字！每樣東西他幾乎都是用看的就會了，不用教，很自然的就會了。直到後來看他教弟弟穿襪子，我才發現恩恩是個很有邏輯的孩子，他不光是有樣學樣，他是真的理解，而且還能自有一套教人的邏輯，這一點連媽媽都自嘆不如！

但是相對的，他不像一般的孩子，他很容易就進入自己的世界做自己的事，腦袋天馬行空的想東想西，因此常常是邊想邊說邊玩，這看在別人的眼裡，就成了所謂的「怪咖」！甚至，在學校上課時，他總是很快就能學會老師要教的東西並舉一反三，也因此他很容易對上課感到無聊，於是就又進入了自己的世界裡。

是的，我的兒子恩恩很特別！他的腦袋常常想著太多的東西……所以，他對「人」沒有太大的興趣，也不太在乎別人，更常常因為想到一個忘我的境界，而忘了該要遵守的常規。或許恩恩在社交上可能不如弟弟來的八面玲瓏，但是，他那豐富的想像力跟創意，怎麼知道他會不會是下一個馬克祖克柏（FB的創始人）呢！

# 媽媽內心話

愛他就是全然的接受他的好與壞，愛他不是幫他避開所有的挫折跟困難，是陪他經歷挫折，面對所有困難跟挑戰。

愛他不是要他活成我期待的樣子，而是從上帝的眼光欣賞他的特別，愛他就要能忍住一切的心疼與不捨，讓他學習付出代價並有責任。

上帝造人，每個人在祂眼中都視為寶貴跟特別，我無法要別人也這樣看待我的孩子，但是，我自己要能用這樣的眼光去愛他們，並發現他們的獨特和寶貴。

## 問題在教育，不在診斷

自從臺北市市長柯文哲的兒子有亞斯伯格症，以及他承認本身疑似也有亞斯伯格症之後，這個症狀再度受到社會大眾廣泛關注。

恩恩曾被臺灣ADHD（注意力不足過動症，大家口中的「過動兒」）的名醫誤判為ADHD，並要他開始吃能幫助他靜下來的藥物，但試了一個月後我們就停止用藥了，因為對恩恩沒有任何的幫助。後來我們帶恩恩去做更多的測驗，也去聽聽其他醫生的看法，最後他被判定為「亞斯伯格症」（註）。在跟醫生做了許多溝通後，恩恩不需要吃藥，甚至不太需要做什麼其他特別的治療。最後一次看醫生時，我詢問何時要再複診？

醫生說：「當妳再發現他有任何無法跟上學校生活的狀況，需要幫助時再來，不然就不需要特地再回來複診了。」

聽完醫師給予的肯定答覆之後，我心裡著實鬆了一口氣。

經由恩恩一路走來的就醫經驗，我深深體悟：

不要輕易的用「名稱」來定義一個孩子，然後再簡單的只想用藥物來改善孩子的狀況，孩子需要的是被真正的瞭解、被真正的關心和教育，既然決定要成為父母，就不要想用「簡單有效率」的方式來帶孩子。醫生不是神，醫生也許無法用藥物解決孩子的狀況，但爸媽可以，不論孩子原本是什麼樣子，**家長才是孩子將來會變成什麼樣子的關鍵啊！**

「自閉症」不是感冒、不是腸胃炎，更不是吃了藥就會好的，如果要把它當作一種病，那麼，請從心裡告訴自己：「它永遠不會好！」

接受「不會好」這件事，不代表著要絕望或放棄，而是要接受孩子真實的狀況，真正的去認識他的特別，進而學習找到幫助他們的方式，因為唯有找到適合他的方法，才能幫助他可以獨立生活。

其實，每個人身上都有東西是「不會好」的，但總會因著經驗的累積慢慢找到更好的生活方式。真心期願每個孩子都能被「正確地」對待。

註：亞斯伯格症候群（英：Asperger syndrome，簡稱AS），1944年，由奧地利的小兒科醫師亞斯伯格提出；是自閉症的亞型，屬發展障礙的一種，主要特質是「人際互動困難」、「語言溝通困難」與「特殊／過度執著的行為」。

# 媽媽內心話

有些媽媽很怕帶孩子去做診斷，怕被別人貼上標籤！但所謂的「診斷」，其實只是為了能更認識自己的孩子、不錯待孩子，這對任何一個孩子都是一樣的，也是需要的；更重要的是，如何找對方法教育他、幫助他。

# 暖心加演小劇場

## 走路回家

晚上帶恩恩去找鞋子，回家時一直招不到計程車，
我們就慢慢往回家的方向走……
我開玩笑的說：
「恩恩，不然我們用走的回家好了；可是要走好久喔！」
「也不錯呀！」恩恩條列化地回答我。「這樣有兩個好處：
第一個是我們有時間可以多聊聊天；
第二個是可以當作幫妳的腳復健呀！」
媽媽心裡很開心！五年級的男孩子還想跟媽媽多聊天，
並且關心著媽媽的身體。
冷冷的天，但心卻暖暖的！

# 外星球來的Skywalker

## 不怕冷的哥哥

恩恩是我看過最不怕冷的人……

冬天裡他老大仍然洗完澡，只穿條內褲就走出浴室；大家用的熱水溫度，他老是驚呼好燙；請他多穿幾件，他就開始東抓西抓，說「全身癢不舒服」……

要不是他真的很少生病感冒，媽媽一定被誤會是虐待小孩！

有一回，我們去太平山，當時接近一度的溫度，恩恩仍舊是兩件薄長袖加一件連帽綿外套就上山了。第二天要他換穿羽絨外套，一路上，竟然一直不斷地喊熱！即使寒流的天氣，在家依然只是短袖加內褲……他，可能是從某個很寒冷的星球來的吧！（汗）

# 媽媽內心話

有一種冷，叫「媽媽覺得冷」！

每個孩子都有他自己的感受，我冷他不一定冷，我餓他不一定餓……學習尊重他的感覺，相信他自己的判斷，是爸爸媽媽一輩子的功課。

## 寫歌的哥哥

這是恩恩的週記。

國數英自社，四科嗎？（兒子，你數學怪怪的喔！）

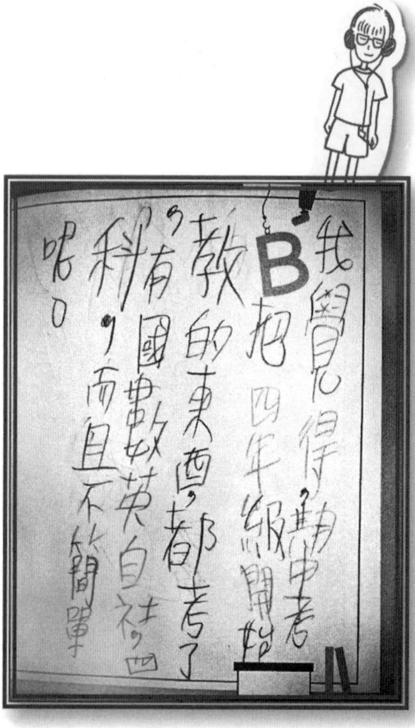

某天，我把這篇週記PO在FB上，過了數日，有一位在國中當輔導老師的朋友發了一封私訊給我：

「瑤媽咪，上次無意間跟同事聊到妳PO的那一篇兒子週記內容，我把週記給我同事看，因為她是一位音樂老師，她看完之後馬上就說：『恩恩那篇週記的標點符號是用歌曲的感覺來創作的。』我立刻想到妳跟我說過，妳們家裡在假日會一起聽歌曲和分享感受的事情，我想或許那對恩恩真的起了很大的作用。」

經過朋友這樣一提醒，趕緊再把恩恩的週記拿出來看一遍……喔，真的有韻腳耶！原來，他是在唱歌！

心裡滿是感動，我又更認識兒子一點了。

♥

週記全文：

我覺得，

期中考把四年級開始教的東西，

都考了，
有國數英自社，
四科，
而且不簡單呢！
大家聽到恩恩的歌聲了嗎？！

# 媽媽內心話

爸媽總是習慣地用自己的眼光去看待孩子的行為，其實我們都需要被提醒，提醒我們轉換想法，用不同的思維邏輯去對待孩子，也才能有機會更認識我們所至愛的孩子們。

## 不是特權是需要

恩恩的手上總是拿著兩枝筆，大多數的時候他都是自己把玩著。

小二的時候，有一位代課老師跟我說：「進入群體生活，應該要跟大家一樣，上課時同學都不能玩筆，他當然也不可以……」堅持以「為他好」、「早晚要跟大家一樣」為由，要他把筆收起來。

我跟老師說：「恩恩本來就對學校的狀況感到焦慮，加上頻換代課老師的狀況，更讓他無所適從！是否可以讓他在不影響其他同學的狀況下拿著筆呢？」

但老師只覺得我是在「溺愛」孩子，因為孩子終究要適應團體生活的，改掉拿筆的習慣才是為他好。

當時，我真的覺得好無力！該怎麼溝通老師才會瞭解，如果亞斯的孩子可以跟一般的孩子一樣，沒有這些困難，被「要求」就能做得到，他們就不會是亞斯了！鉛筆是他現在「情緒安穩」的幫手，他不會永遠在上課時玩筆，但現在……他真的需要他的鉛筆朋友。

因為老師的不理解，小二那一年是恩恩情緒最不穩定的一年。

# 媽媽內心話

很多時候，在「為他好」的高帽子下，老師、父母或家人都不自覺的忘記了，亞斯的孩子不是不願意做，也不是透過「要求」就能做到，而是「做不到」！「做不到」是能力的問題，而我們要做的就是幫助他培養出「做得到」的能力啊！

但幫助他們的前提是認識他的困難、承認他的困難、理解他的困難……他們的困難不是特權，而是需要。

## 不能不公平

恩恩和弟弟阿路每週都會一起上英文家教課。

今天英文課下課，老師跟我聊了一下恩恩上課時的情形，因為他發現最近恩恩一直有個奇怪的行徑。

簡單來說，就是在上課時，他會阻止弟弟阿路發言，不止是摀住阿路的嘴，甚至會動手打他，要他不要說話。

於是，就這個問題，我認真的找恩恩一起討論，我想瞭解他為什麼會這麼做？

「一、是因為若是阿路跟我一起回答的話，我會被影響；二、是在英文搶答時，阿路有時是聽了我說的才知道答案，但我們是差不多同時間說出來，老師就會說同分，我覺得不公平……」恩恩說這些的時候，眼眶有點泛紅。

果然，原因跟媽媽猜想的差不多；這也是恩恩典型的亞斯特質表現，沒辦法忍受被打斷或打擾、很在乎公平和勝負。

因此就這兩個問題，我花了一些時間跟恩恩討論：

首先，當面對被打擾或被影響時，與其用暴力去試圖改變別人，是否還有其他的方式可以處理呢？

我們無法控制別人的作為，但可以找出方法來幫助自己不被影響，內功是要知道自己是誰？跟要做什麼？心裡如果篤定，其實別人的言語和行為是無法影響我們的，大到面對別人的批評，小到像上英文課的狀況。

如果恩恩知道無論阿路答對與否都不影響老師對自己的判斷、評價，也不影響自己會不會，那就算給弟弟阿路先回答也沒有關係啊，或是也可以跟老師表達，因為怕被攪擾而無法和弟弟一起回答，他可以等阿路說完再回答。

再來就是公平和勝負的問題。什麼是公平？我說了長頸鹿跟雞（註一）的故事給恩恩聽，挑戰恩恩對「公平」的定義，然後又拿了王政忠老師的 MAPS 教學法（註二）做比喻，讓恩恩瞭解第一名不厲害，能教會最後一名的第一名才真的厲害……試著幫助恩恩跳脫一般對公平和勝負的看法。

最後，我跟恩恩說：「弟弟跟你一起上課本來就比較吃力，所以他學得慢、記不住長

的句子，你們有能力上的不同，而且弟弟一直以來都以自己有一個聰明的哥哥為傲！如果你除了自己會之外，還能幫助弟弟也跟你一樣，那恩恩你就真的是『會了』，也真的是『贏了。』」

聽到這裡，恩恩眼眶又紅了。

我們談話的內容很長，中間恩恩也會提出他的看法，與其只是簡單的跟恩恩說「摀住別人的嘴或動手打人是不對的」，不如找出恩恩心裡真正的想法，然後陪他一起思考、討論，相信一定更能幫助這個孩子生出許多不同的能力。

我看著恩恩，心裡除了不捨，但也更清楚知道，面對亞斯哥哥，媽媽還有好多功課要學啊！

註一：長頸鹿跟雞的故事，說的是如果讓長頸鹿跟雞比賽誰先吃到樹上的葉子，一定是長頸鹿贏，但這樣的比賽公平嗎？

註二：MAPS 教學法由南投縣中寮鄉爽文國中教導主任王政忠老師提出，主要目的是希望老師透過觀察學生，再依據其能力、狀況把孩子異質分組，透過同儕合作學習的力量，有效喚醒學生潛在的學習動機，讓彼此之間能夠「共好」。

# 媽媽內心話

孩子每一個行為的背後都有一些原因，或許他們自己都不曾想過。比起簡單的跟孩子說「不可以」，我更喜歡告訴孩子「為什麼不可以」；但若父母可以帶著孩子一起去探討、去思考，透過引導，讓孩子找到自己的「為什麼」，問題才有可能真正獲得解決。

## 繼續努力

九月底，恩恩開始到圖書館做志工服務，在這之前，我有事先陪他去登記時間跟瞭解環境，今天是他第一次自己去。

一大早，放心地送他出門之後，十一點我接到了館員阿姨的電話，才知道恩恩雖然八點半人就到了圖書館，但卻一直自己坐在椅子上沒去櫃檯報到，阿姨們沒發現、也不知道他是來這裡服務的孩子，一直到十一點，恩恩才鼓起勇氣去櫃檯跟阿姨說話。阿姨了解之後才急忙打電話給我，表示早上的服務時數就不能算，服務要延長到晚上的時間。

晚餐時間我去找圖書館找恩恩，櫃檯阿姨第一句話就問我：「媽媽，請問他是特殊兒嗎？」

「對，他是亞斯，怎麼了嗎？」

「喔，我們是有發現他不太一樣啦！跟他說話好像都沒有聽到，請他做事情，一做完就會坐下來自己看書，但這樣是不行的，他是來服務的，不能坐下來看書。」

「真不好意思，我會再提醒他的。」

「還有，媽媽，下次妳要記得先跟我們說他是特殊兒，我們還是會讓他做志工服務的，但也比較能知道怎麼跟他相處。」圖書館阿姨好心地提醒我。

「喔喔，好的，謝謝妳呀！」

離開圖書館，我還是忍不住掉了眼淚……因為心疼，原來他的特別還是一眼就被發現了。

拭去淚水，在心裡握緊拳頭告訴自己：「沒關係，恩恩，我們繼續努力！」

# 媽媽內心話

其實，無論是什麼樣的孩子都要面對一樣的事情！成長的過程若是沒有痛苦和淚水，怎麼長得大呢？！

對於恩恩，我倒不擔心他要面對的事，我在意的是，自己有沒有在這些過程裡給他面對困難時解決問題的能力與勇氣，因為與其焦慮，問題也不會消失，不如抱著感恩的心去看待！有挫折、有困難，孩子才能更成熟也更勇敢。

# 暖心加演小劇場

## 從那裡來？

一早，跟兒子在床上玩耍和聊天……

我問恩恩：「你阿太（是客家話的「曾祖父」之意）是從哪裡來的啊？」

「廣東上沙。」

「那你是從哪裡來的？」

恩恩想了一下：「嗯……我是從爸爸媽媽來的。」

「哈哈哈……對啦，你是從我肚子裡來的。」

我們抱著笑開來了。

一早就有好心情。

# 不知變通？

## 看天氣穿衣服

雖然已是夏季，但這幾天氣溫猛然地降低，固執的恩恩因學校已換季，仍堅持只穿夏季制服。

一早恩恩起床，我發現他感冒了，於是我請他換上長袖的運動服。不出所料，他一如以往的開始發出嗯嗯啊啊不開心的聲音，然後一直重複：「換季了，要穿短袖運動服……換季了，要穿短袖運動服……」

「恩恩，你記得嗎？還沒換季之前，因為天氣變熱了，老師說可以穿短袖，所以那時你也穿了短袖去上學，可是當時也還沒換季喔！」我試著解釋給他聽，希望他能想通。

「嗯……也有同學穿『一半一半』（短袖＋長袖）去學校。」恩恩仍彆扭著。

「所以，穿衣服的原則不只是因為換季，還是要看天氣的，對吧？這兩天那麼冷，當然是要穿長袖，更何況你已經感冒了！或是，你也可以跟有些同學一樣穿一半一半，好嗎？」

最後恩恩選擇了穿長袖去上學，出門時也沒有任何的情緒了。面對這樣的結果，媽媽很開心！

感謝主！今早給媽媽智慧，耐心地用恩恩的思考邏輯讓他能欣然接受建議，因為對一般的孩子來說，「看天氣穿衣服」是一件很自然、很稀鬆平常的事（弟弟阿路就完全不會有這些困擾），但對恩恩來說，卻需要用對方法讓他在「學校的規定」裡和「天氣」中找到變通。

# 媽媽內心話

恩恩常常執著於一個指令或規則，對於「改變」沒有辦法立刻調整，因此，幫恩恩找到規則與變通間的邏輯是很重要的，還好有「老師說」的尚方寶劍可以拿出來用。

除了亞斯，我相信有部分的孩子也可能在「變通」這一方面是需要花時間調適的，這也提醒了父母親，在制定規則時一定要耐心地說明前提和原因，讓孩子能因確實理解，進而生出變通性。

恩恩在日常生活裡，常常因為對話語的不理解，或是對沒遇過、發生過的事情沒有應變能力，很多都是小事，但對弟弟阿路來說都不是問題，這無關乎年紀，而是因為他的單一思考邏輯。

## 一個口令一個動作

某次的營隊課程，恩恩在手中一直拿著前一堂課發的點心，老師請他先把點心收起來，而且說了很多次，恩恩都無動於衷，後來是老師直接把他的點心拿走。

在旁邊觀察這一切的另一位營隊老師，在我去接恩恩下課時跟我說明這個狀況。經過討論，我們理出一個結果：恩恩不是要故意反抗老師所以不收點心，而是這個指令對他來說不夠明確，把點心「收起來」，是要收在哪裡呢？在恩恩還想不出答案時，他就會看起來像是無動於衷的樣子，後來老師拿走了，他反而鬆了一口氣。

這小小的事件讓我驚覺，如果忘了這個孩子是亞斯，那麼老師一定直覺反應恩恩就是一個不受教、叛逆的孩子，可能就會一直被錯待了，殊不知他的裡面盡是不知所措！

### 餓肚子

放學了，恩恩一進門就直喊「肚子餓」，我趕緊弄了食物給他吃。

恩恩今天忘了帶餐盒，所以中午沒吃飯，其實他可以跟老師借的，但他說沒想到，雖然肚子很餓，就一直用玩來分散注意力。這是他第一次沒帶餐盒，也沒人主動幫助他，結果就是餓肚子！可經一事、長一智，下次他就知道會跟老師借了。

亞斯的哥哥在學習「應變」的事情上比阿路來的辛苦，阿路不需要教，自然隨著年齡增長，很多事情就會了，哥哥卻需要媽媽給他一個「標準流程」，他才能應變處理。

**慢慢累積，慢慢學，我相信一定會愈來愈好的！**

### 露鳥俠

洗完澡，恩恩光著下半身，邊擦頭髮，邊走出浴室……

「哥哥，你怎麼沒穿內褲呀？」我大叫著。

「我只穿自己拿的內褲。」恩恩回答我。

「那內褲呢？」

「在阿路身上。」

「那阿路的內褲呢？」

「掉在地上弄濕了。」

「那你再拿一件來穿呀！」

「我只穿自己拿的內褲。」恩恩嘟噥著。

嗯，這就是亞斯哥哥的堅持！看來他是不會穿其他件內褲了。

「阿路，你把內褲還哥哥。」

阿路抗議：「齁，哥哥你再拿一件就好啦！」

「我只穿自己拿的內褲！」……（三條線）

最後，因為哥哥的堅持，阿路還是把內褲脫下來還給恩恩了。

還好，不然今晚家裡就有露鳥俠了！（汗）

### 話裡的意思

昨天恩恩回學校辦兩件事情：

一、繳回打預防針的單子；二、詢問學生證申辦進度。

回到家之後，問他事情都辦好了嗎？

「嗯，我繳了單子。」恩恩回答我。

「那學生證呢？可以領了嗎？」

「我沒去問。」

「為什麼？」

因為警衛先生跟我說：「單子繳好了就快點出來。」……我心裡冒出一堆問號。

經過詢問，終於弄清楚原因……

簡單來說，就是恩恩進校門時，跟警衛先生表明他是來繳回打預防針的單子的，於是警衛先生叫他繳完就趕快出來，聽了警衛先生說的之後，他真的就繳了單子立刻出來，所以就沒有再去處理學生證的事情了。

是的！恩恩無法明白一般孩子不需要教就能理解的「話裡的意思」……警衛先生的意思是：辦完事情就盡快離開學校，不是指恩恩只能做「繳單子」這件事。但對恩恩來說，他聽到的認知是：單子繳好就快出來，只能做繳單子這件事，所以他不能去問學生證的事。

恩恩不會想到警衛先生根本不知道他要來辦幾件事，他只是單純的從恩恩說的「繳單子」來回應他罷了。

有時候，對大部分的人來說是不需要教就能明白的事，對亞斯孩子而言，卻是充滿奧秘、很難理解的，但最難的是，別人不相信他真的不懂！

## 帽子在哪裡

一早送恩恩去上學，送到校門口，見他一進校門就被四五個高年級的糾察隊姊姊們給攔下來，我距離太遠，聽不見他們跟恩恩說什麼，只見幾個學姊每次跟他說完話之後都笑得很大聲。

重複了幾次，她們才讓恩恩進學校。即便，在聽不見他們聲音的距離，從笑聲裡我都能感受到她們的非善意。

於是，我決定去問清楚。

糾察隊學姊們跟我說，是因為恩恩忘了戴帽子，問他幾次都沉默不回答，所以，覺得好笑。

亞斯的孩子有個特質，總會把每一個問題認真的思考，於是就會陷入一陣長長的沉默

裡……這是因為他們努力地在想答案！

所以，我想當時恩恩是很努力的在思考「他的帽子在哪裡？」因為他還沒想到，所以無法回答，所以沉默，他無法像一般的孩子一樣，其實只要回答：「我忘了，下次會記得戴。」就過關了，他就能趕快進學校去了，他不知道，其實姊姊們沒有真的想知道他的帽子去了哪裡，只是在提醒他，下次要戴帽子喔！

這樣的狀況，恩恩在學校常常碰到吧？

回家的路上，我的心還是有點悶，眼睛還是熱熱的……

# 媽媽內心話

這些日常小事件的觀察，都在在提醒著父母們，對於孩子的反應和行為都應該保持更客觀的態度，因為一個不小心，就會落入孩子是「故意」找麻煩的想法裡，但也許他其實是非常需要幫助的！共勉之。

# 暖心加演小劇場

## 幸福 100 分

一大早，恩恩起床就跑來我的床上跟我擠在一塊兒躺著，
我一把抱他在懷裡，抱得緊緊地……
他邊笑邊說「好癢、好癢」，但也任由著我騷癢他。
我問他：「恩恩，從 0 ～ 100 分，
你覺得你現在的幸福有幾分？」
「100 分！」恩恩不假思索地從嘴裡爆出最滿足的回答。
媽媽聽得心裡暖暖的，把他又抱得更緊了！

# 人際關係

## 什麼是朋友？

小學四年級的哥哥，開始有作文功課了！

沒補習、沒上安親班的他們，功課一直以來都是我自己教，但其實，媽媽的作文也不怎麼好，所以要教他寫作文更是難上加難呀！

今天的題目是：「我的好朋友」，看似簡單的題目，對亞斯哥哥卻是很抽象的題目。

一開始，他用應付的心態，隨便找了一個同學的名字，然後開始寫……果然，大概三行左右就寫完了，我只好開始用問問題、引導的方式陪他一起寫作文……

我問恩恩：「你的好朋友他長得怎麼樣啊？個性特色是什麼？興趣是什麼呀？」

一陣長長的沉默……

嗯，好吧，媽媽大概知道問題在哪裡了。

他原本寫的那個人，就只是同學，會跟恩恩借漫畫書、偶爾一起玩，但跟好朋友的距離還有點遠。所以，我決定利用機會教育，跟他好好的談談「好朋友」這件事，先從定義「好朋友」開始，再一步一步的往下延伸。

終於他用了一個晚上的時間，寫好了一篇文章，雖然離老師規定的字數少了一些，但相信他已對「好朋友」有比較清楚和具體的認識了，我也趁機鼓勵他，若遇到有想成為好朋友的對象，就要試著關心、幫助和了解對方……希望恩恩學到的不只是寫作文而已。

恩恩的作文：我的好朋友—莊以路

我覺得好朋友是會互相幫忙、一起玩的朋友，我的好朋友是我弟弟莊以路，我弟弟比我小兩歲，他肥肥胖胖的很可愛，他喜歡自己用紙板做手工，他喜歡吃牛排、汽水、油炸食物，他很活潑，玩電動時他總是搶著玩，但也有遵守時間規則，也喜歡玩遊戲。

我喜歡跟他玩演戲，他總愛演好笑的，我覺得演的過程中很開心。

弟弟出生的時候，我就跟他玩在一起了，我的好朋友每天跟我一起吃、一起睡、一起玩、一起上學、一起去教會，一直在一起。（莊昊恩寫於 2014/03/08）

我的好朋友

# 媽媽內心話

還記得恩恩第一次看兒童心智科吳佑佑醫生門診時，醫生問他在班上有沒有好朋友？他沉默，沒有回答。一樣的問題，再問小兩歲的弟弟，大班的弟弟已會開始細數班上同學的名字，並且一一介紹。醫生一個簡單的問題，讓我們理解了恩恩的困難，因此如何幫助恩恩將「抽象」的關係、情感具體化，成了我們後來很重要的功課之一，而「寫作」就是一個很棒的方式！

## 帶同學回家

「帶同學回家」這件事，對恩恩來說很特別也很重要！

恩恩，今天約了同學要來家裡玩，這不是恩恩第一次帶同學回家，上個星期已發生過一次，那才是第一次。當時家裡沒有大人，於是他自己拿了阿嬤家的鑰匙擅自帶同學回家打電動。當我們回到家，剛好遇到在樓下正著急找不到小孩的阿嬤，沒多久，就看到恩恩跟阿路帶著同學從家裡下樓來。

這件事，我跟他談了很久……最後，為了讓他能完全理解，決定幫他把「約同學來家裡玩」這件事步驟化：

一、要提前告知爸爸媽媽什麼時候想約同學來家裡玩。

二、爸爸媽媽同意後，再去約同學。

三、提醒同學，也要得到他爸媽的同意。

四、約來家裡玩那一天，希望媽媽準備什麼。

附帶的提醒：

一、要家裡有大人時，才可以帶同學來玩。

二、要離開阿嬤家時，一定要告訴阿嬤要去哪裡，以免阿嬤找不到人而驚慌。

就這樣，恩恩在徵得我們的同意下，約了同學星期三下午五點來家裡玩。

♥

恩恩很棒的確實照著每一個步驟執行，也在同學來之前寫完了所有的功課，再出門去校門口等同學。結果，出現了第一個小狀況……同學沒有出現。

恩恩哭著回來：「我等了很久，但是都沒有人來。」

「你有確實跟他說好時間、地點嗎？」我提醒他。

這時，他突然想起來，同學有說要先打電話聯絡。

他趕緊找出寫有同學電話的那張考卷（已經被他丟在資源回收箱裡了）……撥了電話聯絡之後，他又出門去接同學了。

這一趟終於順利的接到了同學。一進門，我跟同學打招呼，問了他的名字和家在哪裡，就讓他們進房間去玩耍了。

第二個小狀況出現……

在我為他們送水果的時候，我看見恩恩把自己所有的錢拿出來，正數給同學看……於是，我藉故把恩恩叫出來並小聲的提醒他，要把錢收好，不要造成自己和同學的困擾。

其實，同學在我們家待的時間並不長，但對恩恩來說，卻是人際關係的一個大躍進！雖然，在過程中還有很多部分仍需要跟恩恩一個一個拆解、分析，才能讓他明白了解，但，起碼是一個好的開始，

媽媽還是很開心！

# 媽媽內心話

人際關係的學習，不止對亞斯，甚至對許多孩子來說都不是那麼的簡單，但唯有用孩子能夠接受、理解的方式來處理，才會有效。

以恩恩來說，必需以條列式的方法列出可依循的規則，並在過程中陪他處理突發狀況，觀察他與人的相處，適時提醒他合宜和不合宜之處，過程比媽媽想像的還困難，但感謝主，媽媽跟恩恩可以一起慢慢學，相信未來會愈來愈好的。

## 暖心加演小劇場

### 妳最喜歡的就是我

生日前夕，恩恩突然問我：「媽媽，你生日想要什麼禮物？」

「那你覺得媽媽最喜歡什麼呀？」我故意問恩恩。

「嗯，妳不打電動，也不喜歡看電視……」

恩恩認真地思考了一會兒，

「我知道了，妳最喜歡的就是我呀！對吧？哈哈哈，

那我就把我和阿路送給妳吧！」

聽到這樣的答案，媽媽很開心，因為，孩子真的知道我愛他們。

這是發生在週六教會團契時間結束後的事……

已經在外面奔波一整天的媽媽累了，只想快點回家休息，於是到地下室喊兩個小子們回家。恩恩正在教室裡跟兩個小朋友一起玩戰車士兵的玩具，我好聲好氣地說了三四次：「恩恩，媽媽累了，我們要回家囉！」

在玩的中間他停下來看看我，但感覺並沒有要收玩具、跟朋友說再見的打算，他什麼都沒做。很累的我心裡有了怒氣，但不想在他朋友前發脾氣，於是把他的悠遊卡放在桌上：「那我先坐車回去了，你再自己坐車回來。」接著我就生氣的走出教室。

走到教會門口等了一會兒，他跟弟弟還是沒有跟出來，又累又火的我就在脾氣要發作的時候，突然像是聽到了上帝的提醒：「嘿，妳忘了恩恩是亞斯的孩子了嗎？」

我按捺下怒火，轉身下樓，果然恩恩還再跟朋友玩，於是我又喊了一次：「哥哥，你真的不回家嗎？」他這時才趕緊從遊戲中抽身走出來（沒有跟朋友說再見）。

走出教會後，我問恩恩：「你知道我生氣了嗎？」

「嗯，妳剛剛進來時我才知道，所以我就趕快出來了。」恩恩喏喏地說。

媽媽就在一來一回的對話中理清了恩恩的想法：

一、恩恩一開始在媽媽說要回家時，他知道要回家了，他沒有任何行動是因為他還在思考要怎麼結束跟朋友的遊戲和怎麼跟朋友說再見。

這情況對一般的孩子來說，他們只要簡單的跟朋友說：「我要回家了，再見。」就好了，像弟弟阿路就可以，但對恩恩來說，「怎麼說？說什麼？」這種社交辭令，就像是密碼一樣難解。

二、媽媽沒等他反應過來，就給了他「自己坐車回家」的指令，因此他就停止了思考上一個問題，直接接受了媽媽這個一聽就知道怎麼執行的指令。

三、他不能明白後來媽媽怎麼又折回來了？原來媽媽在生氣了！還有「自己坐車回家」竟是反話！

我之所以把這件事寫的這麼清楚，是因為好多亞斯的孩子都跟恩恩一樣，我們大人常常會因為覺得他們好聰明，然後就忘了他們原來有的困難跟需要的幫助，連我這個媽都會忘記啊！

當天完全狀況外的弟弟阿路，被媽媽先回家的舉動驚嚇到，因為他沒跟哥哥在同一間教室，並不知道事情的前因後果……後悔的媽媽給了他一個大大的擁抱以示道歉，還請他吃冰平復心情。

至於，對恩恩的部分，我不僅深刻反省錯待他的地方，也更仔細思考該如何正確教導恩恩，讓他對「話語」能有更多的正確理解，同時，也該幫助他想好因應之道，讓他能有跟朋友「說再見」的能力。

# 媽媽內心話

晚上跟恩恩練習了一些跟朋友道別可能會發生的狀況，也事先幫他想好一些應對的用語，在過程中深刻的感受到他的困難，他像背臺詞般生硬地說出道別要說的臺詞，扮演朋友的我，若在他的臺詞中插入了其他的話，他就會傻住，不知所措，或是會覺得別人說話都太快，他反應不過來了……

恩恩的這條人際社交之路才要開始，一定還有更多的困難會出現，但我相信上帝也會給媽媽更多智慧來面對處理的。

# 暖心加演小劇場

## 生日禮物

晚上十點多，我接到恩恩的電話……

他邊哭邊說：「媽媽，妳還不回來？我就不能送你禮物了，過十二點妳的生日就要過了，就要等明年了。」

我趕緊答應他一定會在十二點前到家，

於是只好放可憐的爸爸自己一個人繼續工作，我趕快飛車回家。

回到家十一點多一點，恩恩已經忍不住打瞌睡睡著了。

我爬上他的床抱抱他，小聲地跟他說：「媽媽趕回來了哦！謝謝你這麼愛我，我好感動，禮物明天再送哦！」

他迷迷糊糊的應了我，繼續睡。（真的是太睏了呀！）

隔天晚上，他為我表演了他精心準備的生日禮物，

我真的好感動，感謝主，讓我有一個這麼棒的孩子！

# 恩恩的愛恨情仇

## 他知道妳愛他

昨晚，特別找恩恩跟他一起單獨聊聊天……

因為，發覺最近對他發脾氣的次數變多了，於是決定跟他坐下來好好聊一聊，到底發生了什麼事？希望我們能找到好好相處的方式。

我先請恩恩說說他覺得最近的媽媽是怎樣的？他心裡希望的媽媽又是怎樣的？

結果，恩恩才一開口，眼淚就掉下來了：「媽媽平常很溫柔，我很愛媽媽，一點也不怕媽媽，雖然媽媽會生氣，但都是因為我沒做好該做的事，或是因為擔心我才會生氣的……但我希望媽媽以後在提醒我的時候，能夠還是跟平常一樣的溫柔……」

聽完恩恩的感受，我的眼淚也忍不住地掉下來，我跟恩恩說：「媽媽越是擔心的事就會越無法控制自己的情緒，但我會努力做到你希望的，改變提醒你時的態度，媽媽也會有軟弱的時候，我們一起努力為對方禱告，一起克服好嗎？」

後來我們還聊了許多，也更確認了彼此的想法，這次的溝通真是收穫滿滿！母子二人的談話，最後在「我愛你」以及緊緊地擁抱裡劃下句點。

# 媽媽內心話

因為恩恩的聰明和特別，我也常常會陷在「不清楚他在想什麼」的挫折裡；也會因為這個不知道的焦慮而對他很嚴格，所以總覺得恩恩一定會認為我是個很嚴厲的媽媽！沒想到，這個孩子比誰都能感受到我的愛！

愛就是這樣，愈說才會愈明白！在管教的同時，善用「平等的」溝通方法讓孩子知道父母的用心良苦皆是基於愛，如此孩子不僅容易接受，父母也能化解與孩子之間的隔閡。

# 暖心加演小劇場

## 記得

媽媽：恩恩，你還記得小時候跟媽媽一起坐飛機的事嗎？

恩恩：不記得。

媽媽：那你記得你小時候常睡在媽媽身上嗎？

恩恩：好像記得。

媽媽：那你記得媽媽很愛你嗎？

恩恩：妳一天說好幾遍，我要怎樣不記得！

媽媽：哈哈哈哈哈哈哈哈哈哈哈哈哈……

## 媽媽做的每一件事都是愛

自從恩恩上國中後，我花了更多的時間陪伴他，因為國中的孩子，要面對太多的改變。

**身體的改變：**

要轉變成大人，賀爾蒙改變也開始長高，因此運動、飲食和睡眠更是需要注意。

恩恩不愛運動，但他很規律地每週一到週五下課後都會跳繩五百下；飲食上，阿媽自家種的青菜、阿公的土雞蛋、和許多親朋好友送的食材，也吃得很安心；睡眠更是維持一直以來的作息，晚上九點上床睡覺，早上六點半起床，每天睡眠時間有九個半小時；遇到功課多的時候或週末，最晚十點前也一定得躺平……這些都是媽媽的堅持。

**學校／學習的改變：**

國中的學校規定和上課方式都跟國小很不同，國中的每一科都有不同的老師、不同的規則，因此幫助恩恩進入狀況，陪他一起熟悉國中的模式，以備他有任何問題時，都有人可以諮詢以及給予幫助。

**人際關係：**

面臨國中的轉變期，孩子會遇到比小學時更多的狀況，連帶著人際關係也會變得比較複雜，因此留意孩子的發展和了解班上的情形更顯重要，才能在他需要幫助時，給他適合的建議。

青春期是一個重要也很關鍵的時刻，孩子開始認識自己、定義自己，媽媽期待恩恩能夠看見自己的美好，奠定正面的自我形象。

今晚跟恩恩一起複習功課時，有一個題目是這樣的：

請舉一個例子，說明親人或朋友為我們做的一些小事，常常隱藏著深厚的愛。

恩恩的回答：**媽媽做的每一件事都是愛。**

# 媽媽內心話

對於孩子，我也有許多的要求和規定，但相同的我也用「陪伴」與他們一起度過生命形塑的過程，陪他們掙扎、陪他們犯錯、陪他們挫折……孩子就不會只是活在爸媽的規定裡，更是在陪伴中，知道自己被深深的愛著。

## 暖心加演小劇場

# 媽媽跟我一樣痛

為了教恩恩「禮貌」和「尊重」，他被我打了十下手心……

爸爸下班，他把手給爸爸看還有沒有紅紅的？

我問恩恩：「恩恩，媽媽用什麼打你？」

「妳的手。」

「對呀，所以你的感覺也就是媽媽的感覺。」

這個亞斯的孩子，突然像是聽懂了，撲過來緊緊抱住我。

孩子，加油！媽媽愛你。

## 焦慮身體化

今天媽媽因為恩恩的自學報告書遲遲未能完成，加上這段時間覺得恩恩的學習態度不佳而大生氣！這個生氣引發了恩恩的「焦慮身體化」（註），這次也比往常嚴重一些，先是嘴唇發白，然後他按著耳朵和臉，在眼睛一閉起來的同時，人就癱軟倒在地下了。

因為有過往的經驗，所以這一回我有接住他。我抱著他和他一起躺在地上，並確定他是清醒的，等過了一會兒他狀況好多了，便大哭了起來。

我花了一點時間等他心情平復，然後請他試著在紙上寫下自己當時的情緒，陪著他一起檢視原因……

平常就有情緒障礙的他，表面看似平和沒有情緒，但其實是因為壓抑了，而一旦情緒太多壓不住的時候，就會出現像這樣的狀況。今天的他面對我的生氣，有許多的焦慮和害怕，這些情緒就藉由身體反應出來了。

每當這樣的時候，其實媽媽也很難過，難過自己的生氣引發了他的焦慮，但也只能先放下，先處理他的情緒，並試著幫助他以後能適當的紓發、緩解自己的情緒和焦慮。

這樣的練習或許還需要很多很多次，但我們不急，慢慢來，我會陪著你，同時，也提醒媽媽自己要加油，減少、盡量不要大生氣。

註：焦慮身體化，指的是心裡潛在的焦慮會以身體化的症狀表現出來，例如，有學習障礙的小孩，會在要上學前表示肚子痛。亦即當小孩會覺得害怕、緊張、惶恐時會產生的反應，如心悸、呼吸困難、手抖、噁心、拉肚子、頭痛、頭暈……等症狀，嚴重時甚至會有昏倒的情況出現。

# 媽媽內心話

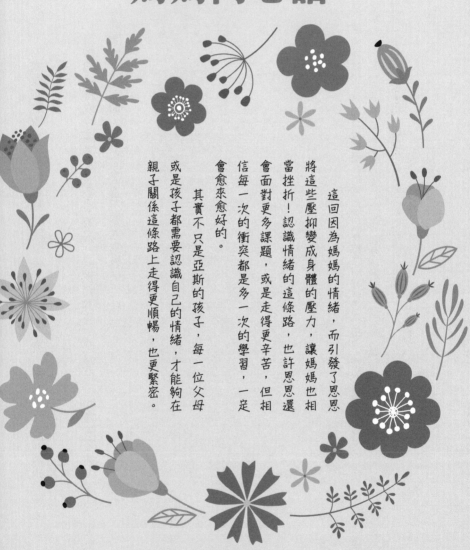

這回因為媽媽的情緒，而引發了恩恩將這些壓抑變成身體的壓力，讓媽媽也相當挫折！認識情緒的這條路，也許恩恩還會面對更多課題，或是走得更辛苦，但相信每一次的衝突都是多一次的學習，一定會愈來愈好的。

其實不只是亞斯的孩子，每一位父母或是孩子都需要認識自己的情緒，才能夠在親子關係這條路上走得更順暢，也更緊密。

# 暖心加演小劇場

## 口氣不好

這兩天因為忙於處理工作上的狀況，所以心情煩躁，對孩子也沒有耐心……

一大早，我把恩恩叫到身邊，滿懷歉意的說：

「恩恩，對不起！媽媽這兩天心情煩躁，對你們的口氣都不太好，很抱歉呀！」

恩恩一本正經地回答我：

「不會呀，妳都有刷牙，口氣不會不好啊！」

頓時，我整個人豁然開朗，抱著恩恩放聲大笑了起來。

# 兄 弟

# PART 2

# 相親相愛

## 睡前的說笑時光

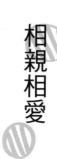

進入冬天後的某一天，突然哥哥不再睡自己的上鋪，拿著自己的棉被下來和弟弟阿路兩個人擠在下鋪一起睡。

也不知道從哪一天開始，原本是我幫哥哥點睡前的眼藥水，也變成了阿路的工作。

於是，每天晚上從他們的房間裡，總在上床熄燈後仍傳來說說笑笑的聲音，說著說著就安靜了……然後，我會進房間去幫他們把被子蓋好。

我想對他們兄弟倆來說，睡前這一段甜蜜又寶貴的片刻，將來也必能成為他們生命中極美好的回憶，因此，我總在書房裡靜靜的聽著，不打擾他們，然後跟著一起沉浸在這美好的時光裡。

# 媽媽內心話

手足是不可取代的存在，看著他們的相處，常讓我感謝上帝，希望他們能成為彼此一生中最好的朋友。

## 可以一起睡嗎？

有一晚睡前，阿路問我：「媽媽，我和哥哥可以擠在一起睡嗎？」

兩小子平常上課時，被規定要各自睡在自己的床上，因為兩人若睡一起會太愛聊天，聊著聊著就會忘了時間，所以只有在放假時我才讓他們可以擠在一起睡。

有一天，我因腰痛躺在床上休息……

「爸爸，請你來一下好嗎？」我在床上呼喚爸爸，但沒有回應，只聽到從另一頭房間傳來的吉他聲。

「爸爸～～～」我又叫了一聲。

阿路聽到我的聲音，走到房間跟我說：「爸爸在彈我的吉他，而且他沒先問過我就自己拿來彈。哥哥說過，沒經過人家同意，自己拿就是偷！」

爸爸這才走進房間沒好氣的說：「好啦好啦，我現在就收起來。」

這時，哥哥正戴著阿路的生日禮物「蜘蛛人面具手套」走進我房間……

我問他：「哥哥，你拿阿路的東西，有先問過阿路嗎？」

「……」哥哥一陣沉默。

還沒等到哥哥的回答，阿路接著說：「哥哥隨時都可以拿我的東西啊，不用問過我，我的東西哥哥隨時都可以用。」

「好好好，我不問自取就是偷，哥哥就都不用問……」爸爸無力地攤在一旁。

看到這番景象，我在一旁也顧不得腰痛，笑到眼淚都流出來了。

# 媽媽內心話

很多父母都會問我，我是用什麼方法、怎麼教的，讓他們兄弟之間的感情可以這麼好？

與其說是教育出來的，不如說是孩子本身的性格和家庭氣氛所造成的，從小就讓孩子在「家人彼此相愛」的氛圍裡成長是關鍵，這也是我們家一直以來很用心營造的，身教和境教（環境教育）的效果往往比言教來的強烈和直接。

暖心加演小劇場

## 聊不完的天

「胖胖……」我在廚房叫著阿路。

「蛤？」聲音從浴室傳出來。

「你哥在洗澡，你在浴室幹嘛？」

「我在跟哥哥聊天啊！兄弟嘛。」阿路開心地回答我。

這兄弟感情也太好了吧！每天都有說不完的話……

我在心裡笑著。

# 不一樣

吵架

上英文課前，在教室裡兩兄弟因玩遊戲有了爭執，阿路一直說哥哥恩恩作弊，但恩恩堅持自己沒有作弊，阿路一氣之下就踢教室的桌子，眼看已傷及無辜（桌子），媽媽只好出動了……

我先處理阿路發脾氣「踢桌子」這件事。

我跟阿路說：「你可以生氣、憤怒，但踢桌子絕對不是很好的表達方式，更何況這不是我們的桌子。」

接著，進入正題：「玩遊戲作弊」這件事。

按照慣例，我讓他們自己先討論，說出彼此對這件事的看法，我則在一旁靜靜聆聽。

兩兄弟一來一往的在「怎麼樣算是作弊」這件事上有不同的看法，討論了許久，始終無法取得共識，媽媽只好又出動了。

「你們討論『有沒有作弊』最重要的目的是什麼呢？」我問他們。

「嗯……」兩兄弟想了半天，沒人回答。

「是為了能繼續一起玩遊戲嗎？」我接著問。

「對耶！」他們異口同聲地說。

「經由剛剛的討論，你們有沒有發現，其實你們彼此對「作弊」的看法是有所不同的呢？」

「嗯！好像是不太一樣。」

「所以，表示在一開始玩遊戲的時候，你們遊戲規則就沒有說清楚啊！」我直接點出重點。

「但哥哥有說不能『擋』……」阿路搶著說。

「我是『壓』著鼻子又不是『擋』。」恩恩不服氣地反駁。

「所以壓鼻子不是擋，那哥哥什麼樣的動作你才覺得是『擋』呢？或是弟弟覺得怎樣算『擋』呢？」

兩個人都靜默不語。

「所以看來，雖然哥哥訂了規則，但兩個人對這個規則的想法是不一樣的！那怎麼辦呢？」我問他們。

「應該在講規則時說清楚，確定兩個人的想法是一樣的才可以。」

「很好，記得下次在玩遊戲之前，要先把遊戲規則說清楚，在彼此都認同了規則的定義之後再開始玩，才不會又發生像今天這樣不愉快的情形了。」媽媽幫兩個兄弟下了一個結論。

後來，兩個人重新開始討論彼此能認同的遊戲規則，又開心地玩在一起了。

# 媽媽內心話

跟手足之間發生爭執是很稀鬆平常的事，我們家的兩兄弟平時感情很好，仍然時有吵鬧的情形出現！重點是要讓他們瞭解，吵架的輸贏沒有什麼意義，而是要找出每一次爭吵的原因，然後學習處理、解決，減少同樣的爭執再發生。

吵架是幫助更認識彼此的好方法之一，也能透過吵架學習解決問題。不要怕吵架，只是要吵得好、吵得有用。

## 自己的

恩恩和阿路兩兄弟一直以來除了玩具之外，其他的東西幾乎都是共同擁有，因為阿路長得比較大，所以和哥哥的衣服、鞋子幾乎都是一樣的SIZE，也都一起穿。

而媽媽我因為從小家裡只有一個女生，因此什麼東西都是自己一個人的，也沒有特別想過兩個小子已經大到想要擁有屬於「自己的」東西這件事，還好爸爸提醒。

由於邁入青春期的哥哥開始定義及尋找「自己」，於是我們順勢提議就從分開他們的內褲和襪子開始，兩兄弟都很喜歡這個提議。整理房間時，他們自己又決定了要把原本放在一起的文具分別放在兩個抽屜裡，一人放一個抽屜；恩恩接著提議，不如原本共同的玩具也分一分吧！但弟弟阿路覺得不需要，因為大部分本來就都是一起玩的，自己也都知道哪一個玩具是屬於誰的，所以不需要特別分開放，而哥哥恩恩也點頭同意了。

看著他們開心的分著屬於「自己的」東西，媽媽從中感受到時間過得好快呀，孩子們真的都長大了呀！

# 媽媽內心話

跟孩子們一起經歷了這個長大的過程，我發現，即使再親密的關係，也都還是要保有專屬「自己的」東西，不論是物質上的，還是心靈方面的。

這樣的轉變看在媽媽眼裡覺得很棒！因為這是學習「尊重彼此」的一個好的開始，只是媽媽也開始頭大了，因為我也分不清楚這內褲、襪子到底是誰的了啦！（囧）

# 暖心加演小劇場

## 讓我做自己

下課後，兩個人在玩WII，輪到弟弟玩的時候……

「左邊左邊啦！下去下去……快快……」我聽到恩恩指揮著。

「齁，你可以讓我做自己嗎？」阿路不悅地說。

「上面……上面……」

「就叫你不要指引我的路啦！讓我做自己。」阿路再次強調。

……咦？兩兄弟不是在打電動嗎？哈哈哈……（聽到這些對話，媽媽心裡偷偷笑著）

在車上，兩個孩子在後座聊天……

「所以我把攝影機的麥克風關起來了。」聊著聊著，恩恩突然冒出這一句。

「什麼！你把麥克風關起來了？那我那天錄音不就沒有錄到聲音，」阿路的聲音開始有情緒。「你要關怎麼沒講？這樣我不就白錄了！」

「不是啦！開很大聲的話，應該還是可以聽得到啦！」恩恩解釋著。

「不是啊，你要關要說啊！」阿路愈講愈生氣。

「阿路，你停一下，媽媽想問你一些問題。」媽媽覺得是時候該出聲了。「一個YouTuber在錄製影片前是否應該確認好硬體設備狀況？」

「是。」

「所以，你在錄影片前有這樣做嗎？」我繼續問阿路。

「平常麥克風都是開著的啊！哥哥關了沒跟我說，所以我以為跟平常一樣……他關起來應該要說啊！」

「你以為？所以你沒有檢查設備的狀況是不是符合你想要的，對嗎？」





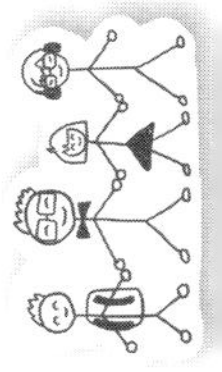

「嗯……」阿路降低了音量。

「所以，無論哥哥有沒有跟你說麥克風的事，如果你做好了自己應該做的預備工作，那這樣的事還會發生嗎？」

「不會。」

「你現在覺得生氣，並把錯誤都怪在哥哥身上，對整件事情有幫助嗎？你會因此更進步嗎？下一次會做得更好嗎？」

「不會。」阿路聲音更小了。

「是啊！所以當狀況或錯誤發生時，責怪別人並不會對事情有任何的幫助，我們應該要做的是好好思考到底哪裡出了問題、現在能怎麼改善、以後怎麼做才會更好？這樣是不是才對自己或對事情比較有幫助呢？」我跟阿路分析著。

「做錯了沒關係，但若陷在不開心的情緒裡一直責怪別人，對事情跟自己都不會有幫助，不是嗎？誠實的面對錯誤，找到自己可以修正的地方，不要再犯同樣的錯，那麼這個錯誤才有意義！這次影片的事件就是在提醒你，以後拍攝前都要確認裝備，甚至自己學會設定裝備的方法，不要總是依賴別人，這樣才能避免同樣的問題再發生。」

「嗯，媽媽，我知道了。哥哥，我覺得我們回去之後，先把之前拍的影片刪除，然後再重新拍一個，你再教我怎麼設定麥克風好嗎？」

兩兄弟終於停止了不愉快，又開始投入討論拍影片的事情了。

# 媽媽內心話

其實不只是阿路，媽媽也遇過很多大人，即便是在職場了，當有狀況發生時，仍然大發脾氣、怪東怪西，就是不願意面對自己的錯誤想辦法解決，然後同樣的錯誤下一次一定會再發生。因此，藉由這樣的機會讓兩個孩子了解，當狀況發生時，不找理由、不怪別人，而是直接面對並尋找解決的方式才是最重要的。

錯誤既然已經發生了，不如從中學習，將每個錯誤都轉化成為讓自己更好的契機！

# 暖心加演小劇場

## 捲土重來

有一天，阿路不小心搞丟了吃早餐的 100 元，
媽媽請他用自己的零用錢來賠償，以示負責。
後來經過協調，改以洗碗一星期來相抵。
當天晚上，阿路因為這件事沮喪而忍不住哭泣，
哥哥見狀，試圖想說些什麼來安慰他……
他坐到阿路身邊擁抱著阿路，接著振振有辭的說：
「阿路，不要垂頭喪氣，你這時候應該要打起精神，等待時機捲土重來！」
我在一旁忍住笑意，是要「捲土重來」什麼啦？
哈哈哈……這一對可愛的寶哥寶弟。

# 同心合意

## 知足

恩恩生日當天，阿婆打電話祝他生日快樂。掛了電話之後，恩恩說：「阿婆問我要什麼生日禮物？我想不出來，就沒回答了。」

這讓我想起他們一直以來都是這樣的知足。

阿路四歲生日時，我跟爸爸帶他去買了他很想要的玩具當禮物，後來兩個很愛他的阿姨也想送他禮物，就帶著恩恩和阿路到百貨公司逛玩具部，兩個小子很開心在裡面東看看西摸摸，玩的不亦樂乎！

玩的滿足了要離開時，阿姨問阿路和恩恩是否選好了要的禮物？

阿路拿著爸爸買的禮物說：「我已經有禮物了啊！」

恩恩說：「我生日是下個月，爸爸會買禮物給我！」

然後兩個人就開開心心的離開玩具部了。

阿姨們訝異他們倆的知足，我和爸爸則為他們的知足覺得感恩！

♥

阿路十歲生日時，也是很平實的度過，早在生日的幾個月前，他就說日本叔叔送的禮物就當作他今年的生日禮物，所以我們也真的沒有再買東西，就只是全家一起去吃了他和恩恩最愛的牛排餐廳，聊天說笑一整晚，然後又陪我去書局買繪具畫紙，本來因為時間太晚，他說沒吃蛋糕也沒關係，但爸爸還是帶他去買了個小蛋糕，回去跟阿嬤家的大家一起唱了生日快樂歌。回到家他也沒急著要吃蛋糕，他說當明天早餐好了，就刷牙睡覺了，一整個晚上他都笑的好開心！

很感謝主！阿路很容易知足，也明白什麼物質都比不上家人的愛。

（備註：在我們家只有生日和聖誕節是兩個孩子一年之中唯二可以拿到禮物的日子）

# 媽媽內心話

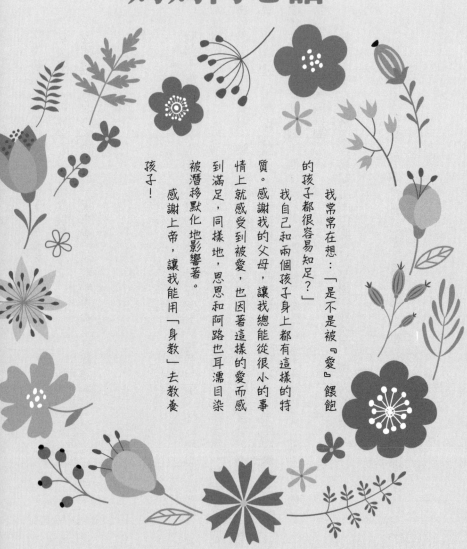

我常常在想：「是不是被『愛』餵飽的孩子都很容易知足？」

我自己和兩個孩子身上都有這樣的特質。感謝我的父母，讓我總能從很小的事情上就感受到被愛，也因著這樣的愛而感到滿足，同樣地，恩恩和阿路也耳濡目染被潛移默化地影響著。

感謝上帝，讓我能用「身教」去教養孩子！

## 暖心加演小劇場

# 住豪宅

小子們趁著放暑假，去阿嬤家玩 5 天。

晚上，去接他們回家……

恩恩：媽媽，我這幾天在阿嬤家有住豪宅的感覺耶！

媽媽：什麼是「住豪宅」的感覺？

恩恩：就是每天吃我們喜歡吃的，每天都可以玩我們想玩的……

阿路：真的是太爽了呀！

看著這兩個在車上笑成一團的寶貝兄弟，

媽媽心裡也因為他們的知足而暖了起來。

## 幫爸爸戒菸

兩兄弟一直很希望爸爸戒菸，因為知道抽菸對身體很不好，他們常常跟我討論該怎麼做？

「把爸爸的菸都丟掉。」「看到他抽菸就一直跟他說不准抽菸。」「跟爸爸說家裡禁止抽菸。」……兩兄弟想出很多辦法。而我總是跟他們說，我們要用的是溫柔的方法，而不是用強迫的方式。

於是，他們畫了這張畫送給爸爸，

再默默地把這張畫放在爸爸最常坐的位子上。

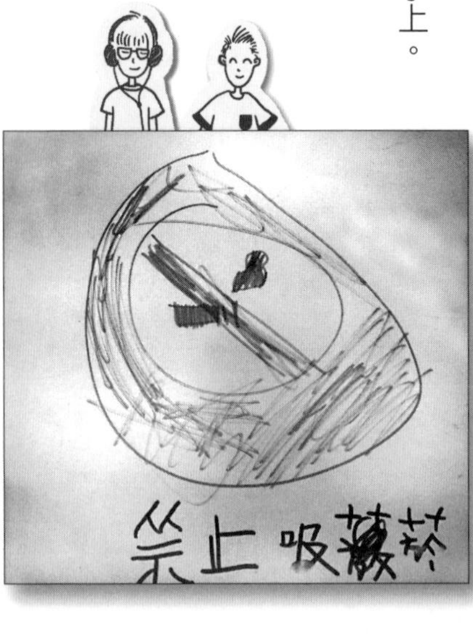

每當爸爸要買菸的時候，恩恩會說：「爸爸，現在可以先不要買嗎？」爸爸就會乖乖地把錢收起來。

爸爸要抽菸的時候，阿路就問：「爸爸，你什麼時候會比較不抽菸？」

「嗯，跟你們在一起的時候。」

「那我要一直黏著你。」可愛的阿路。

「媽媽，我想爸爸應該沒辦法一下子就不抽菸，」恩恩若有所思地的說著，「但應該可以從抽少一點開始。」

說完，恩恩就喊：「爸爸……」

「什麼事？」

「你的菸可以從少抽一點開始嗎？然後慢慢的就可以不抽菸囉！」

「喔！」

看到兩個孩子為了爸爸的健康，想方設法的希望爸爸戒菸，媽媽感受到了兩個孩子對爸爸滿滿懇切的關心與愛，爸爸，你感受到了嗎？

後記：

某天爸爸在禱告的最後，用飛快的速度跟上帝說：「請上帝幫助我慢慢把菸戒掉吧！」

禱告結束，我回頭跟恩恩說：「哇，爸爸為戒菸禱告耶！」

「麥囉唆啦！」爸爸尷尬的反應，讓全家人都大笑了。

# 媽媽內心話

孩子的愛是單純的，但有時過於直接卻會帶來反效果，如同大人也會「以愛為名」來強迫孩子一般。

因此在爸爸的戒菸事件裡，我希望孩子們能學習用「溫柔」的愛心來表達對爸爸健康的關心；懂得用愛「等候」來理解爸爸戒菸的軟弱，然後持續地愛他、為他禱告。雖然爸爸目前還沒戒菸成功，但相信那一天一定不遠囉！

暖心加演小劇場

## 買可樂

父子三人在客廳聊天……「好熱哦！好想喝可樂。」

爸爸首先發難。

「好啊，我們也想喝。」兩兄弟異口同聲。

「那我出錢買大瓶的，三個人喝，你們兩個猜拳，輸的人去買。」

「齁，我已經去買很多次了，這次叫哥哥去啦！」阿路賴皮著。

「哥哥也去很多次啊！我也去很多次啊！」

「那爸爸為什麼不用猜拳？」阿路覺得不公平。

「因為我出錢啊！不然你出錢，我跟哥哥猜拳去買。」

「好啊！哥哥，我們一人出一半，然後爸爸去買好不好？」

阿路慫恿哥哥。

「我不要，我可以猜拳。」

「不然，我出錢，哥哥和爸爸猜拳。」阿路終於使出殺手鐧。

猜拳結果，哥哥恩恩輸了，心甘情願下樓買可樂。

爸爸一邊大笑一邊說：「耶！我連錢都不用出了。」

哈哈，我家這三個大男孩兒呀！（汗）

2015
2017
2018

# 有關學習－
# 孩子在學校與日常

# PART 3

# 什麼是學習？

## 功課不是唯一，更不是第一

孩子們下課回到家，我正在打掃，於是請他們幫忙晚一點拖地……「可是，我想先幫忙做家事再寫功課。」哥哥說完，就拿著拖把幫我把地板擦得亮晶晶。

很多爸媽都把孩子的功課當最重要的事，但我們家卻不是這樣，功課跟家事都是孩子的本分，他們可以自己決定如何分配時間來完成，但沒有哪一樣比較重要。唸書（這裡指學校的功課）是他們現階段的本分之一，但不需要因此就變成除了唸書什麼都不用做，考試的時候也是一樣，上教會、學英文、打鼓、鋼琴、做家事……一切照常！

很多父母不以為然，孩子當然是功課最為重要！但試問：成為大人出了社會，除了工作，生活裡其他的哪一樣可以丟下？都不行呀！那就不要從小讓孩子這麼做！

甚至有時候我們把很多事情看得比功課還重要，例如，恩恩因為太早就開始變聲，於是開始固定看兒童成長科，醫生建議他每天要跳繩五百下、運動三十分鐘，來幫助他延緩骨齡成長，同時能繼續長高。

因為這件事有「時間限制」，也就是說現在不做以後就沒辦法做了，所以跳繩五百下＋運動三十分鐘＋飲食的注意事項，就比功課來得優先和重要。

在我們家，功課就是眾多本分之一，不是第一，更不是唯一，我們讓孩子學習如何分配時間來完成各項本分，按著輕重緩急、先來後到，慢慢地孩子不是只能做一件事，而是學會規劃時間，把每一件事情都做好。

# 媽媽內心話

我們不想把孩子的學習只圈在「課業」的框框裡，因為生活裡的每一件事都是好學習，洗碗是、拖地是、運動是、玩耍更是！

有一天，接到一通電話：「請問是阿路媽媽嗎？」一個陌生的聲音。

「是的，請問妳是？」

「我是〇〇〇家教中心，我們正在做免費試教，不知妳的孩子有沒有興趣來試上？」

「喔，謝謝妳！我們不用哦！」我婉拒對方。

「是免費的耶，可以看看阿路那一科比較弱，我們的老師可以去家裡試教。」對方鍥而不捨。

「沒關係，我都自己教，謝謝妳。」

「但我們是專業的，可以有效幫助阿路成績進步，分數提升！」電話那一頭繼續遊說著。

「嗯~我們不介意他的分數。」

「是哦，那謝謝妳。」對方終於掛上電話。

我記得恩恩在剛入小學時，每一次的考試分數都可以用「慘不忍睹」來形容，國文十分、數學三分，在每次考卷發回來之後，我也都會讓恩恩在家裡慢慢地再重寫一次……咦！竟然全對了！

「所以你都會呀！」我驚訝地問恩恩。

「對啊！我會。」

「那考試的時候怎麼不會？」

「我不知道拿到考卷就要馬上寫，時間到了就會收走，所以發呆太久，來不及寫。」恩恩一字一句地說。

「呃，這樣啊！那你現在知道拿到考卷後就要馬上寫了嗎？」

「現在知道了。」

後來，恩恩拿到考卷知道有時間限制了，會馬上動手寫，但陸續又發生因為不知道考卷背面還有考題，所以背面沒寫等各種狀況……還好，媽媽不會只用分數來看恩恩的學習成果。

同樣的，對於阿路，只要遇到要考試時，我只會特別幫忙複習英文，其他的就是每天跟著學校的學習與功課。數學通常是在每天訂正功課的時候，就確認小子們有沒有搞懂，國語，兩個人的字都龍飛鳳舞的厲害，少一點多一筆是常有的事，常常訂正完畢，下一次寫還是錯，只能藉由每一次寫功課時不斷地提醒。

有一次，哥哥的自然考了九十六分，回來得意的說：「我沒特別看書複習，就考了九十六分哦！」而阿路在第一次英文考了一百分的時候，他開心的回來一直跳跳跳……成就感和開心，就是他們努力最棒的回報了！

比起分數，我更在意的是孩子的學習態度，一百分不一定代表孩子都會了，考得不好也不一定是都不會，若只看分數，很容易就會錯看孩子能力啊！我更在意的是，錯了什麼、為什麼錯和訂正後真的會了嗎？這才是我一定要追根究底的。

# 媽媽內心話

有時候在教孩子的過程裡，會發現可能孩子就是學不會，這時候除了耐心多教幾遍外，父母也要能接受他就是轉不過來、就是學不會，這也是很重要的，畢竟每個孩子長大的速度不同、理解的能力也不同，慢一點真的不會怎麼樣，給孩子的成長多一點空間和時間，是我們做父母必需要調適的呀！

某天和阿路在超商……

「媽媽，爸爸說我可以有一百元買自己想買的東西。」阿路突然這麼跟我說。

「為什麼？」

「因為我月考考一百分啊！爸爸給我一百元當獎勵。」阿路很興奮。

「嗯～等一下，爸爸可能弄錯了吧？阿路考一百分很棒，你自己開心嗎？」

「超開心的啊！一百分耶。」

我抱抱阿路：「你好棒！用努力換來了好成績，我也好開心。」

然後，一百元獎勵的事，就先這樣過去了，阿路沒堅持要，也絲毫不影響他開心的情緒。

但，媽媽不開心了。回家後，立馬跟爸爸談「一百元」的事。

「爸爸，你給阿路一百元當考一百分的獎勵嗎？」

「對啊，他考一百分，很棒！」

「那當他有愛心時、誠實時或是幫助別人時，你給他什麼當獎勵？」

「好像沒有，就讚美他吧！」

「那為什麼考一百分就有一百元獎勵？我們常跟他們說『品格比成績重要』，但好品格只有讚美，好成績卻有獎勵，不是做得跟說得不一樣嗎？何況一百分對阿路來說，他很開心，這不就是最棒的獎勵了嗎？！」我說明我的想法給爸爸聽。

「對耶，我沒想那麼多，真抱歉呀！」

孩子們總說「媽媽比較嚴格！」其實，我對孩子們的一切，即使是功課我都沒有高標準，通常都是低標，是「至少要怎樣……」的低標，例如，寫字至少要自己和別人看得懂；至於高標，則是他們自己的自我要求，那就是他們自己的事了。

許多的家長也都會說：「我不重視功課啦，品行比較重要！」然後當孩子考試達到父母的要求標準時就有獎品，這樣是不重視功課？那當他做對的事、幫助人、有愛心、每天早睡早起、自動自發時，爸媽有給他獎品嗎？

我家的孩子考一百分跟十分都一樣，功課，會了就好。考一百分，全部都會了，自己很開心，這不就是最棒的事了嗎？還需要什麼特別獎勵呢？一百分不是為了我考的，是為自己，不是嗎？

# 媽媽內心話

從小就在「成績至上」的環境中長大的我們，其實很難擺脫對於成績的迷思，也常常不知不覺就又回到「唯有讀書高」的邏輯裡，很容易就變成說的跟做的不一樣了。也因此，我也常常提醒自己和老公，教育標準要一致，千萬別因自己一時的失守，而讓孩子迷失在考試成績的數字裡。

## 恩恩的自學之路

在開始要自學前，我們跟恩恩有一些討論……

「恩恩，你知道自學跟在學校學習的差別嗎？」我問恩恩。

「就是一個去學校，一個在家裡啊！」

「不只這樣喔，在學校學習，學校老師會跟你說要學什麼；但在家裡，你要知道自己要學什麼？然後要怎麼學？」我解釋給恩恩聽。

「針對我以後想做的事嗎？」

「對啊！」

「那國文、英文、數學一定要。數學是幫助我邏輯的思考；英文讓我可以跟外國人說話；國文是我的母語，要會聽、會寫、會認、會用，我還要學成語，簡單的用四個字就能表達意思；然後我還要學電腦、美術，因為我想把我過剩的想像力都畫出來；我還要學電腦繪圖，還有音樂也很重要。試著一次自學之後，我就會更清楚知道我自己想要的自學方向了。」恩恩一股腦地說出自己的想法。

「但歷史、地理也蠻重要的啊！」爸爸也發表了意見。

「可是學了又沒有用。」

「誰說的？學歷史、地理也可以幫助你發想遊戲啊！你知道『巴別塔』這個電玩嗎？」爸爸接著說。「作者就是用聖經的歷史故事來發想這個遊戲的耶！」

「而且你喜歡旅行，地理和歷史就會用得到了啊！」我幫爸爸補充。

「好吧！那我要想一個簡單又有效果的方式來學習。」恩恩下了一個結論。

在整個交談過程裡，恩恩的回應清楚有條理，讓媽媽我又感動又驚喜。

在開始自學的前兩個月，曾發生過無數的衝突。有一天夜裡，我和恩恩兩個人抱著哭……

那天晚上，恩恩跟我分享他自學一段時間以來的想法，他說：「上學很快樂，但是一成不變；自學的過程很痛苦，但很有變化，而且自學也讓我知道自己可以走到哪裡。雖然不知道結果會怎樣，但我相信會進步的，失敗了就再試，只要不停止、不放棄就一定會成功！」

我聽了忍不住內心的激動！自學讓我可以陪著他做每一件事，也讓我們有更多的時間可以聊心事，過去聊的都沒有這兩個月自學的時間多。原來，恩恩一直覺得自己不是一個好兒子，而媽媽也一直覺得自己做得不夠好，但沒想到我們在彼此的心目中，都是最好的！

聽完了彼此的想法，我們一起抱著哭，一起跟對方說：「你好棒！我好愛你！謝謝你！」

感謝上帝，讓我跟恩恩能有這樣的一段談話。

在某一週的自學感想裡，恩恩寫下了這麼一段話：

自學就像粘（黏）土，你要自己把它塑造成自己喜歡且對自己有用的樣子，而當你試很多次而且失敗時，你就已經成功一半了。

自學就像粘土，你要自己把它塑造成自己喜歡且對自己有用的樣子，

而當你試很多次而且失敗時 你就已經成功一半了。

by 莊昊恩

# 媽媽內心話

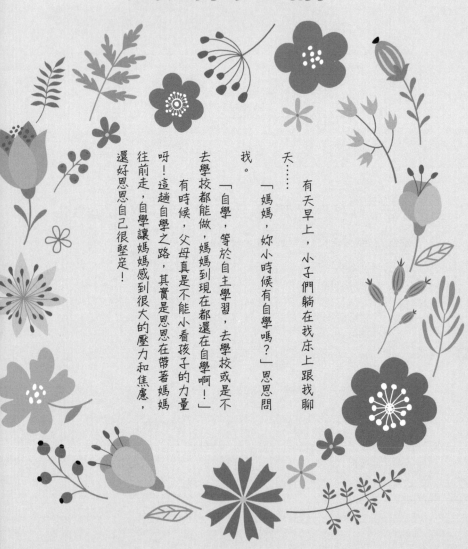

有天早上，小子們躺在我床上跟我聊天……

「媽媽，妳小時候有自學嗎？」恩恩問我。

「自學，等於自主學習，去學校或是不去學校都能做，媽媽到現在都還在自學啊！」

有時候，父母真是不能小看孩子的力量呀！這趟自學之路，其實是恩恩在帶著媽媽往前走，自學讓媽媽感到很大的壓力和焦慮，還好恩恩自己很堅定！

# 暖心加演小劇場

## 平常心

早上上學之前，阿路拿了一張考卷請我簽名，
是自然科的期末考，一百分。
「這是期末考考卷嗎？哇，你沒看書考了一百分耶！」
我拍拍他的頭。
「應該是期末考吧！我也不知道。」
簽完名，阿路把考卷收好上學去了。
嗯，我家孩子面對考試，果然很平常心啊！（汗）

# 陪孩子成長

## 想偷懶

晚上恩恩本該在鼓室練鼓的，但因鼓室有課，所以無法練鼓，而他也沒有立刻直接回家。

稍晚，他回來了。我問他：「去哪裡了？」他支支唔唔的。

原來，他留在鼓室那裡看漫畫書，原本打算回來跟我說他是留在那裡練鼓，但回到家被我一問，他說不出口了，因為他想到若是謊話被拆穿，結果會更糟糕。

「欺騙」、「說謊」在我們家可是非同小可！雖然這回他沒說謊，但也沒說實話，的確行了欺騙之實，所以，恩恩被我重重的打了三下的手心，以示懲誡。

處罰之後，自然需要針對這件事好好的談一談。在和他整理這次事件的過程之後，我們一起找到了他選擇欺騙的原因：「想偷懶！」

這時候，爸爸告訴他：「有時候大人也會想偷懶，所以想偷懶沒有關係，可以說出來，但不需要用欺騙的方法，你可以說你想休息，或是跟我們說你想怎麼做都可以，但就是不要欺騙，選擇說謊是最糟糕、也最不可取的。」

恩恩重重地點點頭。

因為這個事件，我開始思考一些問題：

一、是不是恩恩寫功課已花費太多時間，所以回家到睡前的這段時間，根本不夠讓他還可以做自己想做的事，該如何改善？

二、學打鼓是他自己想要的，那練鼓是必要的嗎？如果他連自己玩個玩具的時間都

沒有了，即便再喜歡打鼓，打鼓的順序是不是很自然的也會退到他想做的事情的選項後面呢？

三、該如何讓孩子遇事不選擇用説謊，能主動誠實説出來？是否「正向增強法」使用得太少？管教是否過當？過於嚴厲？

哇，有太多太多的問號……媽媽還要繼續想一想。

# 媽媽內心話

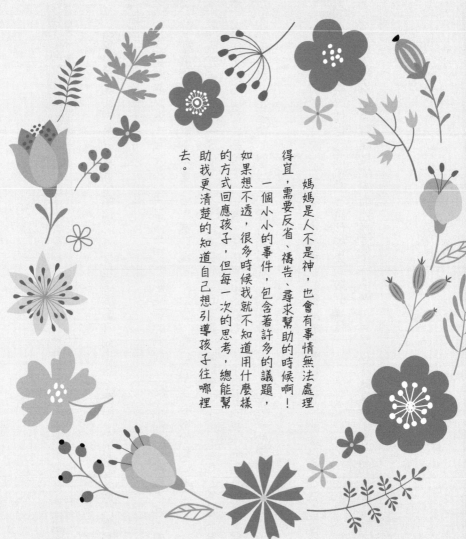

媽媽是人不是神，也會有事情無法處理得宜，需要反省、禱告、尋求幫助的時候啊！

一個小小的事件，包含著許多的議題，如果想不透，很多時候我就不知道用什麼樣的方式回應孩子，但每一次的思考，總能幫助我更清楚的知道自己想引導孩子往哪裡去。

## 興趣是學習的最好動機

恩恩對電腦和遊戲一直很有興趣，一度也讓媽媽不知道該怎麼辦？因為大多數的家長都會說「玩電腦」不好！

正在傷腦筋之際，我突然想起了自己以前學跳舞的過程，大家也都說學跳舞不好，但後來我卻成了職業舞者，大學還沒畢業已能養活自己，還因著工作有機會到各地旅行。

想到這裡，我豁然開朗起來了，與其只是禁止或是一味地覺得不好，不如利用這個興趣，讓孩子能夠學習更多專業的知識，培養真正的能力。孩子喜歡的我不一定有興趣，我也不強迫自己一定要會，但可以去瞭解和幫助他找資源學習，聽他分享他學到的東西呀！

於是爸爸開始教恩恩英文打字，設計程式的舅舅教恩恩寫程式、討論遊戲，我也幫恩恩準備了一臺屬於他自己的電腦，讓他能更有效的學習。

現在，恩恩能用電腦做的事情比媽媽多好多啊！英文也因此進步了許多呢！

# 媽媽內心話

我很幸運的從小就清楚自己喜歡的事，也能一直做自己喜歡的事，長大了，也靠著做自己喜歡的事養活自己。喜歡自然就想學好，在學習的過程中難免挫折，但也因為喜歡，總能一關過一關。媽媽真心希望孩子也能找到喜歡的事，然後做好喜歡的事，做好的過程就是學習，做好的結果就是能力。

# 生活常規

## 權利與義務

日常的週六上午，恩恩、阿路兩兄弟總會睡到自然醒，大概是八點，然後兩人吃早餐、讀聖經、洗衣收衣摺衣、拖地、整理家裡，在完成所有的家事後，他們會來請我開電腦讓他們玩一小時的遊戲或是看影片，一個小時後關掉電腦，就做自己想做的事，或看書、或畫畫、或兩人一起玩遊戲。

為了讓孩子從生活中就養成盡本分、負責任的習慣，從小我們就盡量維持「固定」的作息時間表和工作內容，例如，洗衣服的時間是每週二跟週五的晚上，或週三跟週六的白天；上床睡覺時間則是平日（週日至週四）晚上九點，假日（週五至週六）則可以到晚上十點。

回到家以後，兩兄弟從進門放好鞋子、書包、寫功課、讀經、給爸媽簽名、洗自己的餐具、跳繩、吃飯，之後才完全是他們兩兄弟自由玩耍時間，直到八點半後，就要開始清貓砂，然後洗澡，洗完澡還要把浴室的地板拖乾淨，之後才上床睡覺。

**作息表**

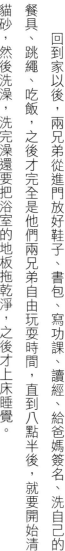

| | |
|---|---|
| 洗衣服的時間 | 週二、週五的晚上或週三、週六的白天。 |
| 上床就寢時間 | 平日（週日至週四）晚上九點，<br>假日（週五至週六）可以到晚上十點。 |
| 放學後 | 放好鞋子、書包、寫功課、讀經、給爸媽簽名、洗自己的餐具、跳繩、吃飯。 |
| 飯後至八點半 | 自由玩耍時間。 |
| 八點半～九點 | 清貓砂、洗澡、把浴室地板拖乾淨、上床睡覺。 |

日復一日，從小學一直到目前國二，這看起來一成不變的作息表，讓孩子有很清楚的規則可循，按表操課，知道自己什麼時候要做什麼事，所以到現在他們已經不需要我的提醒，放學回家後即能快速的完成自己必須做的事，即使假日也是。

# 媽媽內心話

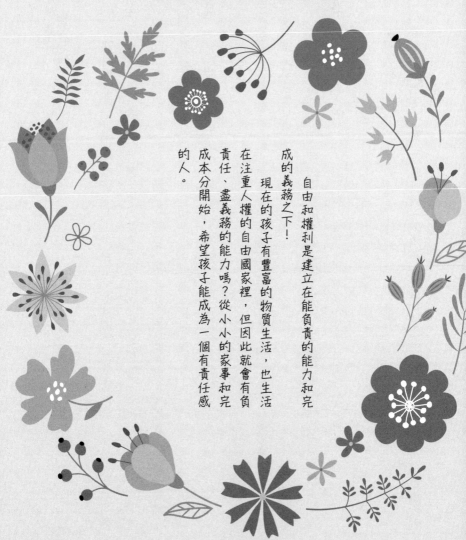

自由和權利是建立在能負責的能力和完成的義務之下！

現在的孩子有豐富的物質生活，也生活在注重人權的自由國家裡，但因此就會有負責任、盡義務的能力嗎？從小小的家事和完成本分開始，希望孩子能成為一個有責任感的人。

## 做家事

每次身邊的朋友看到我家這兩個小子會幫忙做家事，就很羨慕我，總是不斷地稱讚，然後問我到底是怎麼教的，讓孩子們會這麼理所當然的主動幫忙。

我記得在我很小的時候，就要幫忙做家事了，洗全家的布鞋、擦地板、過年大掃除……（我想我們這一代的父母親有很多也是從小就被這樣教育的吧！）所以，當我開始離家唸書時，就已經有基本的生活自理能力，懂得自我要求及負責的觀念，可能這跟我父母從小的教育很有關係。於是，在我也當媽了之後，為了不想變成一個孩子離家後，還會拿衣服回來給我洗的老媽子，從小就讓孩子培養生活自理能力，以及懂得自我要求、負責任的觀念，而做家事就是基本。

恩恩和阿路都是在幼兒時期就開始學習做家事的，一開始先從收拾自己的玩具開始，也因為只是孩子，所以一切都不能期待他能做得很好，要有耐性慢慢教。

### 收玩具

要怎麼開始呢？教孩子收玩具一開始一定要給孩子清楚的方法和規則，這很重要喔！

我們家是把各種玩具分類後收在不一樣的抽屜或箱子裡，我會在箱子外面貼上寫有文字和圖案的標示，讓他們一看就知道什麼玩具要放在哪個箱子裡，玩完了就自己收。在事前，我會明確告知，只要沒收回箱子裡的玩具就會被視同是他們不要的，就會被我丟掉或送人，在被我丟了和送人幾次之後，他們自然就收拾得乾乾淨淨了。

當然孩子們的忘性強，我還是常常要提醒他們收玩具，但只要提醒了他們就會收拾，所以我可以說幾乎沒幫他們收過玩具。

至於什麼時候開始教？原則上從他們開始有自己的玩具後就可以教囉，根據我的經驗，大概到三四歲時就能執行得很好了。

## 擦地板

擦地板是孩子們學習的第二項家事，從孩子們大約在中班、大班階段便開始教他們擦地板。

我們家是蹲在地上擦地的，一開始，我會幫他們擰乾毛巾再讓他們擦，藉由每一次陪他們擦地板的過程教導他們做事的細節以及注意事項，雖然一直到現在他們擦得都不算乾淨（我常常要事前先擦過或是事後再擦一次……當然不能被他們發現），但擦完後，我仍會大大的鼓勵和謝謝他們，讓他們感受到做家事不僅有學習的樂趣，還會很有成就感，現在他們甚至還會自己分工，看誰負責哪一個區域。

## 洗碗

洗碗是孩子最有興趣的家事之一，大概是因為可以玩水吧！哈哈。只是過程中要一直重複的教導他們訣竅和方法，從一開始洗不乾淨、弄的廚房到處是泡沫和溼答答的，甚至可能會全身都濕了……這些都是學習必經的過程，但慢慢就會越來越好的，現在我們家這兩小子的餐盒，都是他們放學回家後自己洗，而且乾乾淨淨的唷。

## 摺衣服

學習摺自己的衣服是第一步，因為孩子的衣服都不大件，比較容易摺。我通常會根據衣櫥的大小選用最合適、簡單的方式收納，所以孩子的衣服摺法就不會太複雜。跟其他的家事一樣，一開始先陪著他們做，只要不斷地指導跟複習，幫忙找出他們摺不好的原因，然後再多做幾次就會了。現在他們進步到只要我衣服洗好之後，他們不僅會幫忙把收好的衣服分工摺好，還能分類收進不同的衣櫥裡哦！

以上這些都是最簡單、基本，但也最頻繁需要做的家事，讓孩子從小就開始學習，慢慢就會習慣主動分擔，不僅能讓孩子懂得時間的安排，更能養成負責任的習慣，對孩子的未來是有很大影響的。

讓孩子幫忙做家事，除了爸爸媽媽得陪伴教導和堅持之外，還有一些事情也很重要：

**給孩子清楚的規則和方法**

教得越仔細，孩子學得越好，規則盡量不要變來變去，孩子才能從清楚且固定的原則裡，掌握技巧、有效學習，等到熟悉了，說不定還會自己找到比我們更好的方法來做事呢！

**不要怕麻煩**

孩子學習的過程不會一次就做好，到能做好前一定會搞砸很多次，爸爸媽媽要能夠不怕麻煩地收拾他們搞砸的狀況，再不厭其煩的繼續教他們。爸媽有耐性，孩子就不會排斥、畏懼，最後也一定能看到美好的成果唷。

**給孩子學習進步的空間**

不要孩子一做不好就生氣，多一點鼓勵和感謝他們，讓他們建立信心跟成就感，孩子們一定會越做越好的。

**學習之餘，更要教導「為什麼」**

為什麼要學習做家事的原因有很多：「因為是家裡的一分子，所以要一起保持家裡的乾淨。」「因為尊重同住在一起的人，物歸原位、保持清潔，方便下一個使用者使用。」還有很多很多的「為什麼」都可以讓孩子清楚認知學習做家事的必要性。

在教孩子做家事的同時，也一邊告訴他為什麼，不但讓孩子學會做，還學到好的觀念，自然能培養孩子有良好的生活能力。當然，最重要的還是父母親要有決心並堅持，不要因為自己的不方便或不忍心而剝奪了孩子學習的權利！很多爸媽在孩子長大後抱怨孩子都不幫忙或什麼都不會時，是否要反問自己，是不是從來沒給孩子學習的機會？

今天擦完地，我一如往常地跟他們說「謝謝」時，弟弟還跟我說：「不客氣，這是我應該做的哦！」媽媽心裡有笑意。

# 媽媽內心話

哈佛大學曾經做過一項調查研究指出，愛做家事的孩子和不愛作家事的孩子，在成年之後的就業率為十五比一，犯罪率是一比十，為了孩子的未來，千萬別再對孩子說：「你只要好好唸書，其他都媽媽來做就好。」要小心，那可能是害，不是愛呀！

## 我會打小孩

許多的父母並不贊成打小孩，的確，「零體罰」是一種理想的教養方式，我也非常尊重！但在教育自己孩子的過程中發現，有時孩子屢勸不聽，怎麼苦口婆心都沒有用時，加上看到很多在所謂的愛的教育下產生的可怕孩子之後，**我選擇以適度的體罰再搭配理性愛的教育，來管教孩子。**

但怎麼算適度呢？我的作法是「打手心」。在孩子小的時候，我會把我一手的手掌墊在他的手掌下面，然後用另一手打他的手心，這是因為一隻手做他的保護，另一隻手要控制力道，相對的也能感受到他的痛，讓孩子知道，不是只有他一個人被處罰了，連媽媽也是跟著一起痛、一起受罰，讓孩子知道他犯的錯真的很嚴重，需要改善。

在懲罰孩子時，有一點要特別注意，就是**別在盛怒時打孩子！**為什麼強調「盛怒」呢？父母一定覺得奇怪，若不是因為生氣，怎麼會打小孩！沒錯，情緒是很難避免，但絕對不能失去理智，若真是已經氣到快要抓狂了，那麼暫時離開現場吧！讓自己冷靜下來後再來面對、處理，才不會因為一時的失控而出手過重，造成傷害。

另外，處罰之後怎麼收尾、怎麼讓孩子記取教訓、怎麼跟孩子說明處罰的真締……非常重要！

## 讓孩子清楚為什麼處罰

處罰，不是你愛怎麼打就怎麼打，而是在孩子幹蠢事、讓你們爆炸之前，雙方就已經言明訂好規則，若是在父母下了最後通諜後，孩子還是做了會被打的事，那就真的非打不可了。因為，若是父母言而無信，孩子就會覺得你都只是「說說」而已，不僅不會把父母的話當一回事之外，孩子自然也不會聽你的了。所以，若是打不下手，就不要說出口，其實每一種規則都是一樣的，訂下來了爸媽就要遵守，因為一旦失去孩子的信任，再多的規則都沒有用。

## 打前或打完後，要說出道理並給孩子出路

「打」只是一個手段，是要讓孩子「知錯」，更重要的是為了幫助孩子學習做對的事！所以，一定要讓孩子清楚自己做錯了什麼，然後跟他一起討論改進的方法，實際的幫助他「能改正」才是最終目的！

**闡述處罰背後愛的真締**

處理完「真理」的部分，還有一點也很重要：要給孩子一個大大的擁抱，並告訴他「我愛你」，讓他知道這一切都是因為「愛」。

# 媽媽內心話

「打手心」的處罰方式，我們只打到小學二年級，因為「打」只是一個處罰的方式，最重要是讓孩子真的知道錯在哪裡？為什麼被打？以及被罰後面的愛與道理是什麼？而當孩子愈大也愈能溝通，需要動用「打」的情況也會愈來愈少，隨著孩子年齡的增長，管教的方式也需要跟著改變，我們也發現，孩子漸長後用「剝奪權利」的方式比打還來得有效一百倍喔！

# 學校不教的事

## 性教育

孩子愈大，對越來越多的事會產生疑問，我一直期許自己是個當孩子有疑惑時，能讓孩子放心詢問或可以一起討論的媽媽，即使是大多數父母親都覺得相當敏感或避而不談的「性教育」話題。

今天下午，我用了大約一個半小時的時間，用圖片、影片和麻豆爸爸，跟兩個小子上了一堂有關「性知識」的相關教育課程，上課前，我先花了不少時間做功課、準備資料。

之所以會安排這樣的一堂課程，是因為我發現弟弟阿路開始對女生的身體感興趣，時不時會偷看 YouTube 上的影片，幾次跟他曉以大義，告訴他為什麼不要看這些影片，但仍無法阻擋他的好奇心，我就確定應該是時候了，該好好的跟他們說明「男生與女生」這件事了。

一個半小時的課程，都說些什麼呢？

**一、擁有健康的態度**

先解釋上帝為什麼要造男與女？不同的生理構造讓夫妻成為一體，「性」是美好的事，更是上帝的祝福。

**二、正確認識男女的不同**

我用圖片分別解釋了男、女的生殖器官，因為家裡三個男生剛好在三個不同階段，兒童的弟弟、青春期的哥哥以及成人爸爸，在爸爸的幫助下，他們也實際認識、比較了彼此有什麼不同，瞭解長大後會產生的改變，而我也解釋了男生夢遺和女孩月經的形成，並解釋精子、卵子……等等所有相關的知識，當然也解釋了性行為的過程，對於高潮、G點、射精等也盡可能的說明。

**三、一起看影片**

利用受精過程和生產的影片輔助我的說明，也讓孩子能更加了解。

**四、提問與解答**

在解說的過程中，兩兄弟都能提問，媽媽也盡量清楚的回答他們。最後，他們對自己「是怎麼出生的」很感興趣，於是我就給他們看了當時我寫的《生產日記》，也分享了在懷他們二人時各自的懷孕過程（也都分別記錄在日記裡）。

中間哥哥提到，班上同學們都很喜歡拿男生的生殖器官來開玩笑，我嚴肅地提醒哥哥玩笑的尺度是：不可以取笑別人，也不能讓別人不舒服，不單單是不能用生殖器官來開玩笑，也不能用別人身體的任何一個部分來開玩笑，這是因為基於「尊重」，尊重每一個人都是獨一無二的、都是上帝愛的孩子。

之後，經過一段時間的觀察，我發現阿路真的沒有再上 YouTube 偷看影片了，那一個半小時的性教育課程，果真起了好的作用呀！

# 媽媽內心話

不要輕忽或壓抑孩子的「慾望」，只要父母願意陪著他一起面對，幫助他找到處理的方法，並給孩子足夠的成長空間，孩子定會有令你意想不到的回饋的。呼~不只孩子在長大，媽媽也是跟著一起成長呀！

## 旅行裡的學習

「旅行」於我們家而言是體驗，體驗另一個城市或國家的生活、文化、食物、音樂、歷史、藝術、大自然，也是一種交流，藉由旅行認識更多不同文化的人們，感受不同人文之間互動的溫度。

不論是住五星級飯店或普通小旅館，享受的是同樣一片海洋；坐高級包車或是搭大眾巴士，從A點到B點的時間相差不大；吃頂級饗宴或國民美食，反倒是國民美食讓我們更能瞭解當地的飲食特色與文化……我們家的旅行，不是人家所謂的渡假，有些時候，舟車勞頓其實還蠻累的，但我們每一次都很享受在當中，即使平實的旅遊，收穫往往很超值。

每一年我都會安排至少一次的全家出國旅行。

今年的宿霧之旅，是為了讓他們從旅行中學習安排計畫、解決問題，所以這次旅行就交給他們了！

旅行的第一天晚上，我問他們：「阿公阿媽明天要下午一點才會到宿霧，所以明天早上我們是否要出門？去哪裡？還是待在飯店等？你們有計畫嗎？」

因為飯店 check out 的時間是早上十一點，三個人加上一大一小的行李，一直到下午一點的這中間我們該去哪裡？該怎麼辦呢？我把問題丟給這兩兄弟，但明顯地他們並沒有把這件事放在心上。

隔天早上，兩兄弟起床後還是自顧自地玩，眼看快十一點了，我問他們：「我們要準備 Check out 了，請問你們決定要帶我們去哪裡呢？還是要拖著行李大家站在大馬路上想接下來的行程？」

聽完我說的話，這兩個小子才驚覺，媽媽這回是來真的，沒有要當問題解決者了。於是阿路趕緊衝去櫃臺詢問可否延至十二點再 Check out？

「可以延到十二點。雖然中間他說什麼我沒聽懂，但我確定他說 OK，然後沒有講到 Money 這個字。」阿路氣喘噓噓地回報。

恩恩也趕緊拿出 ipad 開始 google 機場附近有沒有可以讓我們待一下的餐廳或咖啡廳。**看來是「浪費」了一個早上，但在媽媽的眼裡卻覺得是「學習」了一個早上。**

# 媽媽內心話

從累積的經驗裡發現，旅行真的能讓孩子學習獨立、欣賞、感恩、珍惜、解決問題和人良好互動……好多好多的好處；旅行更讓我們感恩上帝的供應、敬畏上帝的創造、經歷上帝的帶領、體會上帝的心意，所以我們家真的很愛旅行啊！

## 暖心加演小劇場

### 沒帶書包

早上八點半，阿路從學校打電話回來……

「媽媽，我的書包好像還在家，可以幫我拿來嗎？」

「呃，書包！」我驚了一下，竟然忘了拿書包。

其實，基於要他們對自己負責任的理由，一直以來我們都沒有提供送東西到學校的服務，但，今天是書包一整個沒帶，要送去嗎？

應該要堅持原則不要送，那今天一整天是要去幹嘛？

不！應該要送，因為阿路已經很少忘東忘西的了，

而且書包屬特殊狀況。

「好吧，待會兒幫你送去。」

針對這件事來說，阿路平常已經是個每天都會自己早起，

然後起床準備東西上學的孩子，加上他情感一向豐富，

送書包，能讓他感受到我們的愛與支持，

知道當必要的時候隨時可以跟我們呼救，所以責任感的訓練，今天的狀況不適用。

# 讀聖經教養孩子

## 沒有行為的信心是死的

晚上，我們跟孩子一起從聖經裡的「好樹結好果子，壞樹結壞果子，沒有行為的信心是死的。」這一句話的涵意一直延伸到了最近FB上常會看到的「送舊鞋到非洲是幫助他們嗎？」的事件來做討論……

我和老公丟出很多問題讓孩子去思考，在分享的過程裡，恩恩的角度與觀點讓我們驚訝！

「真正的幫助是找到問題的根源。」恩恩第一句話就直接破題。「有一次我在捷運站，遇到一位腦性麻痺的人在賣口香糖，他掛著一個牌子上寫著他為什麼不去安置機構，而選擇自己賣口香糖。我看到他寫的理由之後心想，若是我身上有錢我就會跟他買，除了因為他賣的是我喜歡的口香糖之外，重要的是我覺得買他的口香糖不是在『做好事』或『幫助』，而是立場平等的交易，很值得尊敬！而且，他做生意比我們一般人更不容易也更辛苦，但他仍選擇努力靠自己生活。」恩恩最後還做了結論，「一棵樹沒有結出好果子，應該是要先找出問題點，而不是一直施肥。」

聽完恩恩的分享，媽媽忍不住給他拍拍手，不僅是因為他將在聖經讀到的智慧能反思在平常的事物上，同時還能夠用更深入的角度去看待問題，媽媽很開心兒子的進步。

# 媽媽內心話

聖經裡有許多智慧的話語，但讀過之後呢？我們是否有「行」出來？

「沒有行為的信心是死的」，透過討論，願孩子們不只讀進智慧，更能用這些智慧做更多的反思，也在生活裡落實所讀的智慧。

每週我們家都有一個叫「家庭祭壇」的時間，孩子們都很喜歡這個特別的時間，因為可以全家人聚在一起，很專心的聽彼此分享和說話。身邊許多朋友，每每在看到我分享家庭祭壇的成果時都會問我，怎麼安排？怎麼進行？其實很簡單，不論你們家有沒有信仰，或是不同的宗教，只要每週空出一個時間，讓一家人聚在一起說話、分享，持續地進行，久而久之您一定也會驚訝於它帶來的效應與改變。

我們家通常是每週一的晚上，時間會控制在三十分鐘到一小時之內（依孩子的專注力做調整），每次的主題我和爸爸會事先討論，通常都跟這一週或最近發生的事情相關，也許是平常的生活事件，或是我們在禱告或讀經時的感動。

但有時也會因為忙碌或行程的關係延期或改地點，讓家庭祭壇保持一個彈性，才能更容易持續下去，例如，若週一遇到爸爸有工作，我們就會延後一天，甚至出遊時，我們也可能在車上開家庭祭壇，因為我和爸爸都覺得信仰跟生活應該是一致的，不光只是形式，所以無時無刻我們都可以一起禱告、一起讀經、一起分享，而且我意外的發現，在車上的家庭祭壇，孩子們反而很容易專心。

有一週的家庭祭壇，時間有限，再加上弟弟處在負面的情緒裡，所以不同於以往的互動分享，而是爸爸領詩主講並分享了他在生活中遇到的困難和試煉……

最後他跟孩子們說：「或許今天分享的內容或經文你們會忘記，但爸爸希望你們一定要記得，未來不論遇到了什麼困難，就抬頭看看藍天白雲，然後要記得有一位上帝，會像幫助爸爸一樣的幫助你們。」

又有一次爸爸帶我們讀：帖撒羅尼迦前書 5:15-18「你們要謹慎，無論是誰都不可以惡報惡；或是彼此相待，或是待眾人，常要追求良善。要常常喜樂，不住的禱告，凡事謝恩；因為這是神在基督耶穌裡向你們所定的旨意。」

爸爸說：「雖然聖經寫的順序是這樣，但我自己的操作順序是反過來的。先『凡事謝恩』，每天每件事都要感謝主，就能『不住的禱告』，不住的跟主說話，然後就會『常常喜樂』，因為當禱告完，心中就會常有上帝給的喜樂。上帝給的喜樂是拿不走的、是不變的、是平安的，而我最想給你們的，就是上帝不變的愛和喜樂，因為人生會有困難、有逆境，但有上帝同在，就有喜樂和平安。」

藉由這樣的分享，爸爸不僅能時時說出對孩子們的愛，也更能充分的讓孩子感受到爸爸這股堅強的後盾力量。

有一回恩恩說：「以後我想當一個跟爸爸一樣的爸爸！有趣、有才能、努力、跟小孩比較像的爸爸，我很喜歡爸爸跟我一樣，會打電動、會發懶、也會不想工作……。」

雖然已經過了父親節，但恩恩的分享對一直努力想當個「合神心意的父親」的爸爸來說，是一個很安慰的回饋。

# 媽媽內心話

我很慶幸讓孩子們從小時候就習慣「家庭祭壇」的模式，除了讓一家人能有更多的時間聚在一起說話、一起分享，同時也讓家人情感更凝聚，即使如工作相當忙碌的爸爸，也因為家庭祭壇而能夠和孩子們更親密。

所以，若是你也想和孩子們拉近距離，想了解孩子心裡真實的想法，或許也可以試著一週一次的家庭祭壇，趁孩子越小開始，效果愈好喔！

## 「抱怨」VS「說出自己感受」

路加福音 6:45「因為心裡所充滿的，口裡就說出來。」

有一回，全家去忘憂森林玩，恩恩一路上不停地說：「我的鞋髒了。」「下次不要再來這種地方玩了。」「這裡有什麼好看的？」「要走了沒啊？」……聽著我都快發怒了！

「恩恩，你可以不要再抱怨了嗎？」我試著制止他。

「可是，妳不是都要我說出自己的感受嗎？！」恩恩理所當然的回答我。

我這才驚覺恩恩竟把「抱怨」解釋為「說出自己感受」，把二者劃上等號了！於是，我們開始談這兩件事的不同。

回到家，我讀聖經「腓立比書 2:14」的話給他聽：「凡所行的，都不要發怨言、起爭論」，解釋當中的意思是「上帝不要我們發怨言」。

那上帝說的「不要發怨言」又是指什麼呢？

我帶恩恩一起看了「出埃及記 16:3」裡寫的：「巴不得我們早死在埃及地，耶和華的

手下；那時我們坐在肉鍋旁邊，吃得飽足。你們將我們領出來，到這曠野，是要叫這全會眾都餓死啊！」

「恩恩，你覺得以色列人民是『抱怨』還是『說出自己感受』？」

「抱怨吧！」

「為什麼你覺得是抱怨呢？」

「因為口氣和說話的方式。」

「可是這些也真的是他們的感受啊！」我繼續反問恩恩，「所以也是在『說出自己感受』啊！」

「嗯……但他們只想到自己。」恩恩支支唔唔地擠出這一句話。

「欸？你好像說到一個重點。」我鼓勵恩恩繼續說出他的想法。

「他們當奴隸時想逃走，逃走了又覺得當奴隸比較好，他們都只想到自己。」

很棒！藉由這樣的引證討論，讓恩恩能夠分辨自己說的到底是「抱怨」還是「說出自己感受」，清楚明白兩者間的不同，相信下回在心裡有話想說出口之前，一定更能掌握分際，同時多一分體貼別人的心意。

# 媽媽內心話

其實媽媽不打算給恩恩什麼正確答案，只希望他能透過思考，自己去找到答案。許多的父母總是習慣地用訓斥或規定的方式告訴孩子該怎麼做？不該怎麼做？或許這樣的教育方法又直接又快，但我更希望藉由引導，讓孩子自己去思考、分析事情，或許要花較多的時間，但唯有讓他自己能夠想通、理解，同時接受，才真的能由內而外地改變言行，也方能有效長久。

## 愛在我們裡面

晚上我們跟孩子一起討論有關「愛」的種種，談到人有限的愛，神無限的愛……好多好多的對話都讓媽媽好感動。

「如果你們心中有一個愛的 HP（愛的數值），MHP（最大數值）是一百，你們覺得自己現在有多少 HP？」爸爸問兩兄弟。

「一百三十。」恩恩想了一下回答。

「一百。」阿路說。

「那裡面有多少是因人而來的愛？有多少是從神那兒來的呢？」爸爸再問。

恩恩說：「有七十是因人而來的，六十是從神來的，像教會的以勒哥、子寬哥就是神的愛，他們本來不認識我，但他們用神的愛來愛我，聽我說話。」

阿路說：「把神透過人愛我的算在從人來的，應該也是五十到六十從人而來，其他是從神而來的愛。」

聽到兩兄弟的分享，我感動的眼淚就快要流下來了，我跟他們說：

「你們可以試著把每一次感覺到被神愛的時候就寫下來，久而久之，從記錄裡你們會發現，其實我們都被滿滿的愛給包圍著。」

「我要訓練你們養成一個習慣，」爸爸接著說，「每天一睡醒，第一件事就是跟上帝說話，謝謝上帝讓我在安全溫暖的環境醒來、謝謝上帝讓我有新的一天……每一天都能從感恩開始。」

分享的最後，我們彼此感謝……

爸爸把孩子們叫到身邊來，他一手牽著一個：「謝謝你們在上禮拜爸爸生病時照顧我、帶食物給我吃、幫媽媽做家裡的事、沒有欺負媽媽讓媽媽生氣，謝謝你們。」

阿路慢慢地走到我的面前，抱著我說：「媽媽謝謝妳，上週提醒我要跳繩、要看書，讓我記得做該做的事，謝謝妳。」

我伸出手拉著恩恩感謝：「謝謝你幫了我好多忙，下樓買東西、到郵局辦事……謝謝你，我的小跑腿先生。」說完親暱地拍拍他的小臉。

而恩恩則走到阿路面前，兩兄弟像是要比腕力似的緊握著手……

「阿路謝謝你，爸媽不在家的這兩天，陪我一起去每個地方，對我分配的家事也都沒有意見，謝謝你。」

（看著這兩小子的感情那麼好，我忍不住又鼻酸了。）

「好吧，我們最後一起為媽媽這週要出國來禱告吧！」爸爸領著大家低頭禱告。

分享結束前，我說出了這一年多來心裡的感受：

「自從恩恩上國中之後，媽媽的心中有一個沙漏開始倒數計時，因為常常會覺得能陪伴你們的時間越來越少了，所以去哪裡都想跟你們在一起。明明這一趟要跟姊妹們出遊應該很開心，但想到心裡的沙漏，就覺得少了六天可以陪伴你們，我還是忍不住難過……雖然知道，你們終究要長大獨立，也知道自己一定能放手且會為你們的振翅高飛而喝采，但心裡還是不免會有淡淡的憂傷，希望你們為我禱告，讓我心裡的這個沙漏能夠消失。」

話才說完，恩恩就抱著我，為我禱告……

他說：「媽媽，以後就算我長大了，只要妳想我，打電話給我，我就會馬上回來給妳看的。」

感謝主，我們一家都在神的愛裡面，神也在我們的心裡面。

# 媽媽內心話

「愛」是我們最看重的教育，一切的教導也都從「愛」出發，從小就給孩子滿滿的愛，他們對愛就會是敏銳的，也更是慷慨的。

## 洪水來臨前

今天全家人一起觀賞了《洪水來臨前》（註）這部討論氣候變遷對人類影響的記錄片，一個半小時左右長度的影片，讓我們每一個人都有不同的衝擊與想法。

「我很驚訝竟有人不相信氣候的改變，甚至有人為了自己的利益賄賂政府官員……我想我可以立即開始做的改變的是：以後少吃牛肉。」阿路感慨地分享。

恩恩也跟著附議：「那些為了錢連命都不要的人，真的是笨蛋！我要做的立即改變是：自己攜帶可反覆使用的餐具，還有開始少吃牛肉多吃蔬菜。」

而我在看影片時，幾度掉下眼淚，太多的衝擊，太令人難過了。

上帝創造美麗的地球，並交給我們人類管理，但，無知的我們到底對地球做了多可怕的事！是的，我也是那可惡的人之一。只要一想到，當我們正過著便利的生活時，就有許多人正在承受著我們做的事所帶來的後果，就有可能會讓遠在太平洋另一方島嶼上的人無家可歸……就讓人心碎。

看完後，我們家決定：

一、帶著孩子認識更多這樣的議題。

二、改變飲食的習慣。

三、隨身攜帶可以重複使用的餐具。

最後全家一起禱告，為地球，為人類，也為我們所做的認罪，並求上帝幫助我們有力量改變。

註：《洪水來臨前》是由奧斯卡影帝、聯合國和平大使李奧納多．狄卡皮歐所監製的記錄片，於二〇一六年九月九日在多倫多國際電影節中首播。片中向世界傳遞一個迫切的訊息：氣候變遷、全球暖化現象已造成毀滅性的影響，並以科學和人性的角度來分析其影響和可能的後果，目的是希望能喚起大眾意識。

# 媽媽內心話

我們常常帶著孩子，透過像這樣的影片、新聞或是文章，來關心我們生活的這個世界，透過討論、思考，讓孩子也能帶出自己的想法，並讓孩子也能成為關心世界並帶出實際行動的人。這樣的方式，我們相信能比只是在課本上的學習更加深刻。

# 暖心加演小劇場

## 穿制服睡覺

晚上睡前，我特別叮嚀小子們：

「天氣轉涼了，睡覺要穿衣服了哦！」

兩兄弟同聲應好。

睡前，我習慣地進他們房裡再巡一下，

赫然發現，他們竟穿著「制服」睡覺！

哈哈哈……我忍不住笑意，在兩兄弟額頭上各親一下，

因為他們很乖，真的有聽話「穿著衣服睡覺」哪！

# 媽媽經

# PART 4

# 沒有一百分的媽媽

## 不正確也是好答案

恩恩自學至今已經兩個月了，這中間我們經歷了許多的挫折與不安，今天我們聊了很多……

「雖然媽媽說每件事不一定都要有正確答案，但是我卻每天都為了找答案而痛苦。以前在學校考國文解釋的時候，如果我沒有照著課本上的標準答案寫，而是用自己的方式去解釋寫答案，就會得到一個大大的叉，然後又得訂正，最後仍是要一字不漏的照課本上的解釋抄才是正確答案。」恩恩無奈地說出他心裡的想法。「我一直想找到一個大部分的人都能認同的答案，每天我都在自己想像的世界裡，因為現實世界要實踐時我總是做不到！但是，最近這兩個月的自學，我有很大的進步，我終於比較能跟上自己的腳步，知道自己跟這個身體的關係了，所以我要繼續自學下去，我一定會進步更多的。」

我抱著恩恩，心裡滿是安慰：「謝謝你，兒子，你說的每句話對媽媽來說都十分寶貴與重要，這條自學之路，媽媽的內心仍會不時地出現惶恐或擔憂，未來也會有不同的困難來考驗著我們，但知道你的想法，媽媽也被鼓舞了，『自學』這條路，我會陪著你一起走。」

後記：

為什麼一定要有「正確答案」？填鴨式教育的亞洲人習慣了要有「一個」正確答案，於是不知不覺、動不動的就會想要直接去要正確答案，這真的讓人很無力啊！

# 媽媽內心話

雖然說「凡事皆有答案」，但什麼是正確答案呢？這個世界上，有太多事情的答案都是因人而異的，都是要自己去發現、去找尋的，只是對現代人而言，我們顯然已經失去了那股尋找答案的動力。我很開心，恩恩一直都在尋找自己相信的答案。

我不是個好玩的媽媽，是因為我本來就不是一個有趣的人，因此我也從來不給自己或孩子們錯誤的期待，期待我能像有些媽媽一樣幽默、有創意，或樣樣行。

拿功課來說，我不是科科都能教，例如，哥哥恩恩要寫作文時，只要遇上「感想、心得」之類的主題，就一個字也寫不出來，滿腦子裡盡想著「題目說……」所以，就會繞著題目一直打轉！

有一次作文題目是：「寫出那些樂器的聲響最吸引你？為什麼？」恩恩一整個卡住了！因為對他來說，每一種樂器的「聲響」都一樣。

而弟弟阿路則和哥哥完全相反，由於情感豐沛，所以每每寫心得或作文時總能洋洋灑灑、行雲流水，只是裡面的錯字常常讓人看得傻眼。另外，數學的邏輯也是慘不忍睹，但這卻是哥哥恩恩的強項。

嗯，既然各有所長，何不請他們彼此幫忙呢？我這個媽媽雖然無法樣樣精通，但是我可以幫忙找資源、發掘能力，然後截長補短呀！

於是我請哥哥教弟弟數學，弟弟教哥哥寫作文，而我，就在一旁開心的翹著二郎腿喝咖啡，陪伴他們這段寫作業的學習時光。

# 媽媽內心話

媽媽不是超人，更不必把所有的事都一肩挑！把對的人放在對的位置就是一個很好的方法。在我們家，若需要好玩有趣的時候，孩子們就知道要去找爸爸；需要條理分明時，就找媽媽；而需要吃好吃的食物時，就找阿嬤，所以，媽媽真的不用萬能，懂得善用資源，讓每個人都能發揮所長並善加利用才更重要哦！

恩恩十二歲的第一天，媽媽為他設計了一個挑戰：讓他和弟弟兩個人自己去搭捷運，這是他生平第一次。

其實，從小他們已經很習慣這一段捷運的路程，從家裡出發、怎麼轉車、哪裡下車……他們都很清楚，但都是有我帶著一起。這一次放手讓他們兩個人自己來一次，看著他們出門的背影，我還是擔心、焦慮的偏頭痛了。

孩子成長的過程，也是爸媽學習放手的過程，一直以來，我都提醒自己不要成為保護過度的父母，要讓孩子學習獨立，小到從整理玩具、房間，大到讓他們自己走路去上課。一路走來，最辛苦的不是教他們怎麼做，而是和自己的擔心、焦慮不斷交戰……等他們收拾玩具，不如自己收比較快；讓他們自己洗澡，又怕他們洗的不乾淨、浴室搞得濕答答；幫忙做家事，媽媽可能都得在後面幫著再做一次；走路上學，媽媽要像偵探一樣，先跟蹤一個星期，確認他們一路平安。

今天他們自己搭捷運，出發前不斷演練要記得換車下車、要手牽手不要走散了、要注意安全、手扶梯要扶好、不要太靠近等待線、上下車注意月臺落差、遇到狀況可以找捷運裡穿背心的叔叔阿姨幫忙、要遵守坐車的規矩和禮儀、不要隨便跟陌生人說話、不要大聲嚷嚷說第一次自己搭捷運……耳提面命地說了一大堆，並要他們複誦確認都記住了，再為他們禱告。

看著他們出家門，到跟老師確認完全抵達目的地為止，媽媽一顆七上八下的心，才真的放了下來。感謝主！你們的成長之路又向前跨了一步。

# 媽媽內心話

孩子學習獨立，最難的不是孩子學不會，而是爸媽願意熬著自己的焦慮、擔心……這是我們做父母都必需要學習的課題，同時，我們也要用智慧和愛陪伴教導，並在孩子錯誤發生時，成為他們有力的後盾和支持的力量。

## 暖心加演小劇場

# 劉備？流淚？

下午打電話回家，知道爸爸的臉莫名腫了一邊，

擔心之餘，我在電話裡請恩恩幫我好好照顧爸爸……

「恩恩，爸爸身體不舒服，臉腫起來了，請你幫我照顧他哦！」

「好。但爸爸的臉怎麼腫的？」兒子擔心的問。

「應該是太累了吧！」

「嗯，他勞累過度啦！這讓我想起一個人，

諸葛孔明也是勞累過度。」

「對啊，如果你跟阿斗一樣，爸爸就真的會勞累過度了！」

「但我如果是阿斗，爸爸就是『劉備』耶。」恩恩反應很快。

「你若真是阿斗，你爸爸就真的會『流淚』了啦～」（汗。）

當聽到別人跟你投訴孩子的錯誤行為時，你第一時間的反應是什麼呢？「怎麼可能！不小心的吧？」「他應該是在玩，沒有惡意啦！」……急著替孩子解釋，覺得一定是誤會，那位家長怎麼那麼負面的看小孩，還是，「太可惡了！我回去一定處罰他。」「你怎麼這麼不乖！」……不先釐清來龍去脈，就急著處罰孩子給別人看？這些都是我曾經遇到過的家長反應。

為什麼先想到家長的反應？因為家長的反應會直接影響對孩子的教育，在臺灣或是華人的父母最難克服的地方在於，大部分的人都把「孩子不好就等於父母沒教好，也就是父母不好」，直接把每一個孩子的問題都拉到父母身上，例如，亞斯孩子的父母最常遇到的就是被質疑孩子沒教好的問題。因此，我也曾在「面子問題」和「要讓自己能更客觀、更勇敢，面對孩子的 **NG** 行為」中掙扎、努力著。

我不否認做不到當孩子被其他人（老師、同學、其他大人）提出做了 **NG** 行為時能完全沒有情緒，因為身為他的父母，我也會受到影響，但這也是我的責任。慶幸的是，我已經不再擔心面子問題，轉而開始學習從事件裡找出問題的關鍵，幫助導正孩子的行為。所以，當他人願意跟你明言指出孩子的NG行為時，只要是客觀正確的，我們都該誠心感謝，畢竟，沒有人會想要故意去得罪誰，或是平白無故去指責孩子的。

當有人願意冒著得罪別人的危險，如實的告訴我孩子的狀況時，我真的是心存感激的，感激之後是釐清狀況和孩子行為背後的意義，有時或許可能是誤會，但也很可能因此幫助父母發現了平時看不到的盲點。

就像今天，別人來跟我說我家兩個小子和其他小朋友在遊戲時發生的狀況，在了解、處理的過程中，我赫然發現，除了情緒問題之外，對於一個十二歲、一個十歲的孩子來說，要他們能清楚分辨年齡的差別、親疏遠近的不同和遊戲的危險性……根本不容易，也經由這個事件，提醒了做父母的我要在這些方面多注意跟教育。

生活日常的教育方式很難面面俱到！所以，**當孩子犯錯時，先別急著護短或責罰，不妨抱著感激的態度，把它視為能讓孩子更好、更進步的契機吧！**我們不也都是從錯誤中一路學習成長過來的嗎？

# 媽媽內心話

謝謝我的朋友有愛心也有智慧，替爸媽留面子的私下告訴我們孩子的問題，而不是公開的在眾人面前說出或暗示誰家的孩子不好，對於肯跟我們說孩子們問題的朋友，我們真心的感謝，我們也學習不放大也不縮小孩子的問題，希望看得更合於中庸之道，並有智慧教導他們。

## 不完美的媽媽

週日主日學結束，阿路跑來跟我說，剛剛主日學時師母跟他說了一些話，所以他有一些事情想要跟我說，但他想等回到家再慢慢說。於是，我們先去參加哥哥的洗禮和上英文課，之後當我們又回到教會，師母偷偷地把我叫到一旁，告訴我阿路現在正為兩件事情感到痛苦，提醒我要注意他的心情。

當下我謝謝了師母的提醒，但心裡想著：「阿路怎麼自己不跟我說呢？明明『參加合唱團』和『鋼琴課』這兩件事，都是他自己主動想做的，我從來沒有強迫他啊！」心裡滿是被誤會的委屈。（是的，媽媽也會有滿腹委屈的時候）

回到家，阿路主動找我聊了這件事，他在說出自己想法的時候忍不住哭了，他是真心覺得難受。

我抱著他，雖然努力想理解他的情緒，但心裡仍有許多的不解與問號：

「阿路根本沒搞清楚狀況。」「是懶惰了，不想練習吧？」「難不成每件事情都要這樣逃避嗎？」「太玻璃心了！」「只害怕被討厭，怎麼不想該如何改進自己？」……媽媽

心裡有太多的OS。（即使我知道要同理孩子的心，但媽媽的心中對阿路也不時會有許多的情緒和不以為然的感覺）

昨晚，因阿路的情緒激動，無法能有更多理性的交談，所以我們停在「理解他的情緒」這個階段，並同意他能同時退掉那兩堂課。

中午我特地去合唱團了解一下情況，接下來的一整天我都在想：「只『同理情緒』是對的嗎？」「是我太嚴格了嗎？」「會不會以後遇到事情都這樣逃避？」「到底要怎麼幫助他呢？」「在情緒的後面，阿路真正的想要的是什麼？」……好多好多的疑問，我需要智慧冷靜思考呀！

晚上，召開了家庭會議，跟阿路再一次重新整理這兩個事件，經過一兩個小時的談話之後，阿路找到了問題的所在，也搞清楚了自己到底想要什麼，這件事情才算暫告一段落。

儘管我的心裡還有好多的問號還沒有找到答案，但也不是這一時半刻就能解決的，畢竟**「成為母親」是一輩子的課題，媽媽很難做到一百分，**我這不完美媽媽還需要更多的學習呀！

# 媽媽內心話

再能幹的媽媽終究還是人，會有情緒，偶爾還會有點小任性！有時可以控制，有時也會暴走，還好，最終能恢復理智，因為我知道，唯有不斷地禱告、改變，並以謙卑的心來感謝，讓自己先走出來，才真能為孩子帶來好的影響。

謝謝總有神的指引、身邊小天使的提醒，還有孩子爸爸的耐心聽我碎念，才能讓我這不完美媽媽有更多前進的力量與勇氣。

## 暖心加演小劇場

# 撒嬌

早上恩恩看我的FB發文，問我為什麼心情不好……

「唉！我覺得我好像什麼都做不好。」我沮喪地跟他說。

「有時候就會這樣啊，」恩恩安慰我。

「只要一點不好就會覺得自己全部都不好，我有時候也會，我懂。」

「對啊，我現在覺得自己做不好媽媽……」

（賴在恩恩身上撒嬌中）

「嗯……我覺得妳很好啊！而且妳很適合當老師。」

「我！老師？」

「是啊，我覺得妳的教法很好，到目前為止我沒看到比妳好的！妳都能說服我了，超好的，如果說服不了人，就很難教人了，所以，妳很會教人。」

聽到兒子的打氣，就這樣，在恩恩身上滾滾、撒嬌……

跟兒子聊聊之後，媽媽又有力氣繼續了！

# 愛是根基

## 陪伴

回家的車上，兩小子睡得東倒西歪。

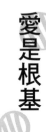

一到家，恩恩的第一句話是：「今天真是好開心、好棒的一天！」媽媽聽了也感到很滿足。

其實，我們沒做什麼特別的事，就只是「陪伴」，陪伴就是孩子最想要的了。

很多時候，人們覺得上帝對人不盡公平，但有件事上帝倒是一視同仁，那就是「時間」，無論是誰，每個人的一天都只有二十四小時。而對我來說，把生命裡的時間給愛的人，就是最直接愛的表現了，每當陪伴他一個小時，不單單只是一個小時，而是在那個當下的整個生命都給他。

或許是最近看了幾部相關的親子電影、參加了一場告別式，心裡的感嘆又更深了！**若是從不曾陪伴，又何來愛之說呢？若連最基本的陪伴都做不到，又怎能期待與孩子的親密關係呢？**

孩子，只要你願意，當你需要的時候，我們一定都在！

# 媽媽內心話

爸爸跟我常掛在嘴邊的一句話是：「愛一個人就是把時間給他」，對孩子來說，成長只有一次，能陪伴的時間也很有限，錯過了就不能回頭了。別再讓生命有遺憾，就從現在起，開始「陪伴」吧！

前一陣子，帶孩子去看了一個朋友的畫展，裡面有一個主題是心靈房間。於是睡前，就和他們聊聊他們的心靈世界是充滿什麼色彩？

恩恩先說：「我的心靈世界有藍色、白色、金色、紫色、還有粉紅色。」

「這些顏色又是代表什麼呢？」我問恩恩。

「藍色是開朗，白色是誠實，金色是所有開心和好的事，上帝也在這裡，紫色是所有『超過』的部分，例如，藍色太超過了就會變紫色……，而粉紅色是媽媽。」

「哇，好開心哦，媽媽在你的心裡面。」我拍拍恩恩的臉說。「那，這些顏色會改變嗎？」

「一定會有啊！像金色……但藍色和白色是不會改變的。」

「阿路呢？你的心靈世界又是什麼顏色？」我問阿路。

「我的是七彩的！」阿路愉快的回答我。

「是淡淡的彩色嗎？」

「不是，是比較重的，然後會有一些黑點點，那是不開心或我做了不好的事，但是只

有一點點。然後還有一扇開了一半的門，門後是耶穌。」

「為什麼門會只開了一半呢？」我好奇地問阿路。

「只開一半是因為我覺得我跟耶穌還沒有很近，我還沒有懂很多耶穌的事，但是我的心裡有耶穌的光喔！光會幫我消掉那些黑點點。」

「你好棒！」我親親阿路。

很喜歡這個睡前的陪伴時光，總能聽到孩子們許多的心裡話。我們還說好，找一天一起把各自的心靈世界畫出來。

# 媽媽內心話

和孩子天南地北的亂聊天是媽媽的最愛，透過聊天我們都更認識彼此，也更親密！其實，許多的專家也表示，每天跟孩子睡前聊聊天，即使只是單純的分享一天的喜怒哀樂，孩子也能從中感受到父母的關愛與家庭溫暖，孩子的童年也能更幸福。

所以，千萬別忘記，不論多忙多累，睡前都請挪出一點點時間，不論十分鐘、二十分鐘，和孩子聊聊天，效果絕對會超出想像的。

## 「傾聽」是父母很重要的功課

有一天，阿路看了一本書，書中作者的孩子將自己的家人都畫成漫畫，阿路看完之後表示也想畫我們一家人，然後開始很認真的就跟哥哥恩恩討論起來……

「我是小豬，哥哥你是帶眼鏡的猴子。」阿路開心地說著。

「好啊！那想一下爸爸媽媽要畫成什麼呢？」哥哥問阿路。

「我覺得媽媽是海豚，因為媽媽很聰明又可愛；爸爸應該是貓頭鷹，嚴肅又好笑。」

恩恩說：「那要把媽媽畫成綠色的海豚哦！」

「沒問題！我想我還會把自己的手畫上拿著好多的食物，有漢堡、炸雞……反正手上會一直有食物。」

「那哥哥是不是手上要一直有三枝筆呢？」我也出意見。

「對呀！我還要把哥哥的三枝筆畫成像索隆（漫畫『海賊王』裡的人物角色）的三刀流那樣。」

恩恩馬上說：「我的筆不是刀，你要把它畫成是一個人，一枝是身體，兩枝是左右手。」

「好啦！那我要幫爸爸畫身上掛著一個keyboard，而且是一整圈的，因為貓頭鷹的頭可以轉一圈。那媽媽要加點什麼呢？啊，給媽媽一直吃糖果好了。」阿路愈說愈興奮。

「為什麼？是因為我只會玩candycrash嗎？」

「對呀！欸？但是妳好像也沒有常玩，好像也不太對。」

「媽媽根本就不做不好的事，也不吃不健康的食物，媽媽就是神級自制力！你幫媽媽畫一個神級自制力啦！」恩恩出主意。

「不要啦，我要幫媽媽畫一個十字防護罩！對，一個防護罩，因為媽媽很溫柔，不具攻擊性，然後她還可以像能力果實者（漫畫『海賊王』裡的人物角色）一樣，她在的地方就是海，她可以自由地悠遊在每一個地方，天空裡、雲朵上……」阿路發揮更多的想像力。

「然後爸爸就是我們家的夜行性動物，晚上他會飛到很遠的地方，白天就一直睡，當我們要回家時就很方便，哥哥抓著爸爸，爸爸用飛的；我可以騎海豚媽媽，媽媽游泳。」

「哇，你要媽媽載一隻五十四公斤的豬，會不會太重啊？」恩恩一說完，我們三個人都哈哈大笑了起來，笑得樂不可支的。

一整天這兩兄弟就這樣天馬行空的在腦海裡想像、描繪著家人畫成漫畫的樣子。

睡前，阿路跟我說：「媽媽，白天時我忘了講哦，爸爸還有獅吼功耶，因為他大吼的時候真的很嚇人呀！」

「哈哈哈，是哦？這麼可怕？！那你和哥哥就要乖乖，這樣爸爸才不會再用獅吼功了。」

這一天，很開心感受到了孩子們如此奔放的想像力，同時，也聽到了他們對家人的真實感受，媽媽覺得很棒！所以我最喜歡聽孩子說話了，不論說什麼都好！有人說：**「傾聽是家庭教育裡最簡單有效的方法，也是最美好的教育。」**父母聽的越用心，孩子就能感受到越多的理解、尊重與鼓勵，但看來也需要跟爸爸溝通一下，他的獅吼功還是不要太常發功的好呀！

# 媽媽內心話

傾聽可以讓你走進孩子的內心世界，不僅能與孩子感情更親密，許多的教養問題也會迎刃而解。所以，別光是要孩子聽你說，父母也要常常打開心，聽聽孩子說，即使是天馬行空的想法，也請多些耐心，不要急著糾正，因為從中也許能聽到更多孩子的真實感受呀！

快快聽慢慢答

晚上九點……

阿路問：「媽媽，明天到底會不會放颱風假？」

「還不知道耶，就當沒放假，你們先照平時要上課的時間上床去睡覺吧！」

「好，那我要設鬧鐘嗎？」

「不要好了，如果要上課，我會叫你們起床；若不用上課的話，就不叫你們。」

「好。」說完，阿路和哥哥就回房準備睡覺了。

過一會兒，阿路又從房間走出來：「媽媽，如果等一下確定我們要上課，就幫我設鬧鐘，好嗎？」

當時我正在寫作業，口氣有點不耐煩：「不是說了我會叫你們嗎？難道你不放心我嗎？」

話還沒說完，看著阿路欲言又止的臉，馬上提醒自己要有耐性聽他說完。「阿路，你是不是希望媽媽不用起床叫你們，所以要媽媽幫你設鬧鐘啊？」

「對啊，這樣你就不用離開床了。」

「謝謝你的貼心，我知道了，如果要上課我會幫你設鬧鐘的。」

阿路開心地笑著過來跟我抱抱，道晚安，我在抱他的時候又再一次跟他說了聲「謝謝你。」

# 媽媽內心話

焦慮少了，親子關係也會隨之鬆了！阿路從小二開始，每天都是自己靠鬧鐘準時起床上學，這方面真是沒有讓我操心過，所以當時的狀況，我確實是應該多點耐性想想他說那些話背後的原因，這樣就不會錯怪他了。很多時候，父母只要願意停下來、想一想、好好聽、問問為什麼，或許跟孩子之間就不會那麼容易劍拔弩張，關係也就不會那麼緊繃了。

嗯，媽媽還要再加油！共勉之。

# 暖心加演小劇場

## 身教

今天跟阿路獨處在家……

「我實在搞不清楚我們老師的底線。」

阿路突然這麼跟我說。

「為什麼？在學校發生了什麼事嗎？」

「就不知道他什麼時候會生氣啊？」阿路很不解。

「比如說，同學開一樣的玩笑，他之前沒怎樣，

後來有人又說了一樣的笑話，他就生氣了！

真不懂他生氣的『點』是什麼ㄟ？」

「那你知道媽媽的『點』嗎？」我問他。

「知道啊！妳又不會變來變去的，而且妳生氣一定會說原因。」

「阿路，那你從沒想過要跟媽媽頂嘴嗎？」

「為什麼要頂嘴？好好說就好啦！」

「那為什麼你都不會口氣不好？」

「因為媽媽妳也都是柔柔地跟我們說話呀！」

看著阿路認真的表情，我一把把他抱進懷裡。

# 父母感情好是孩子的安全感來源

## 爸爸的身教

### 偏心

天氣很熱的晚上，阿路覺得要睡在我們房間吹冷氣比較涼，但恩恩覺得自己房間吹電風扇就夠了，不用睡我們房間，於是他們決定分開睡。恩恩的床墊借阿路，讓他鋪在我們房間地板上睡，阿路的床和電風扇則借哥哥，讓他睡在自己房間。

很快地，阿路在我們房裡就睡著了。我在客廳聽到恩恩一個人講話講了好久，忍不住就進去跟他聊天……

我問他：「恩恩，你覺得媽媽有偏心嗎？」

「沒有啊！」

「那你知道什麼是偏心嗎？」

「就是偏愛一個人啊！」

「那你覺得爸爸有偏心嗎？」我再問恩恩。

「也沒有。」

「但是我覺得有耶。」

「偏心誰？」

「我啊，爸爸比較愛我啊！哈哈哈。」

「那不是偏心，那是正常啊，你們是夫妻耶。」恩恩說得頭頭是道。

「所以爸爸偏愛我，沒關係喔！」

「沒關係呀，這樣才是正常。」

「那如果媽媽生妹妹，你會不會偏心？」

「那要看個性。」

「哇，還要看個性喔！」我笑著問他：「那如果媽媽因為個性而偏愛你們其中一個人，這樣好嗎？」

「不好。嗯，那好吧，我不會偏心，我都一樣愛。」恩恩下了一個結論。

# 媽媽內心話

父母間的關係，直接影響著孩子的成長，父母感情好，更是孩子安全感的來源。

我常常會把孩子的對話跟爸爸分享，讓爸爸知道即使他因為工作的關係和孩子接觸的時間較少，但他的一言一行孩子都看在眼裡，例如，「最愛老婆」這件事，他用身教教會孩子的一切，完全都反饋在孩子的生活裡呀！

## 暖心加演小劇場

# 會怕就好

有一天，恩恩突然問我：「媽媽，什麼是頂嘴？」

我想了一下：「嗯，就是用很不禮貌的說話方式回應長輩。」

「哦，那我的頂嘴應該就是說『不要』。」

「說『不要』不一定是頂嘴，跟長輩意見不一樣
也不一定是頂嘴，主要是取決於『態度』。」

我解釋給恩恩聽。

「不過，你們兩個倒是沒有跟媽媽頂過嘴，
如果你們頂嘴……我就哭給你們看！」

「妳哭，我們就完蛋了，會被爸爸殺了……」

恩恩說完，我們一起大笑。

睡前，我將這段對話說給爸爸聽，爸爸說：「會怕就好！」

哈哈哈，我暖心又可愛的家人們！

## 讓孩子信任的安全守門員

### 事件1

計畫了許久的踏青之旅，終於在陽光明媚的日子裡成行了，八大三小一行人浩浩蕩蕩、興緻盎然的出發。

一路上，大夥兒有說有笑的邊走邊聊天……

突然我一個轉頭發現……咦？阿路呢？這孩子走著走著怎麼就看不見身影了。大家前前後後的看了看，真的沒有看到他，喊他名字也不見他回應，於是我們趕快調頭原路往回走去找他。往回走了好長一段路才發現站在路邊等我們的阿路，當他看見回頭找他的我們，他大大的鬆了一口氣，直奔我身邊而來，我也上前緊緊地抱住他：「阿路，你一直站在這裡等我們嗎？」

「對呀！我知道你們若發現我不見了，一定會回來找我的，所以我在原地等，沒有亂跑。」

「你好棒！那如果再等久一點我們都沒回頭來找你呢？」

「那我就會跟旁邊的路人借電話打電話給妳，因為，我相信妳也一定會急著到處找我的。」

## 事件2

前陣子，一個小孩因為沒有坐在該坐的安全座椅上，而是坐在前座位子，結果一不小心出了車禍，導致重大傷害的新聞鬧得沸沸揚揚的……那幾天我仔細地看了許多相關的新聞，心裡滿是感觸。

大多數的討論都在「安全座椅」和「孩子坐前座」這兩件事上，不禁讓我想起了恩恩以及阿路兩兄弟在小時候練習坐安全座椅的情況……

印象最深刻是有一次只有我和恩恩兩個人在車上，那時剛好行經高速公路，恩恩突然想離開安全座椅，不斷地開始掙扎、哭鬧，在我安撫無效又無法立即停車的狀況之下，只好任由他發洩，而恩恩足足在車上哭了近一個小時才妥協、安靜。

是的，沒有一個孩子喜歡被束縛，相信許多的父母親在讓孩子習慣「坐安全座椅」這件事上，也經歷了同我一樣的類似狀況，但我想說的是，孩子哭鬧和掙扎是一定會的，但「生命安全」更重要啊！孩子不懂危險，父母卻是孩子唯一的保護者，更是幫孩子立下安全界限的守門員，何時該心軟，何事該堅持，父母親要更能守住分際，才不會因一念之差，而造成一輩子都無法挽回的遺憾和悔恨。我愛我的孩子，我也會心疼他的眼淚，但若茲事體大，「原則」更是無論如何都不能放棄的，更何況是攸關性命安全之事。

# 媽媽內心話

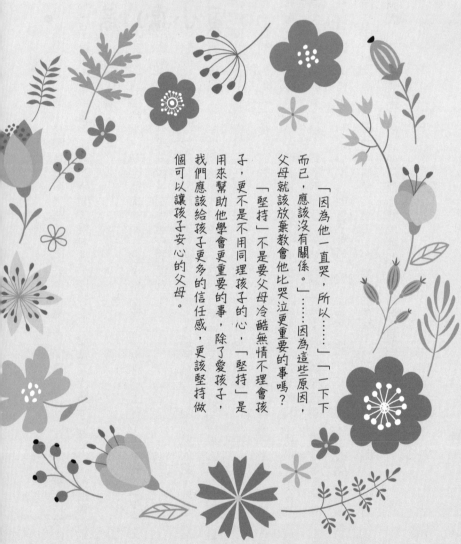

「因為他一直哭，所以……」「一下下而已，應該沒有關係。」……因為這些原因，父母就該放棄教會他比哭泣更重要的事嗎？

「堅持」不是要父母冷酷無情不理會孩子，更不是不用同理孩子的心，「堅持」是用來幫助他學會更重要的事，除了愛孩子，我們應該給孩子更多的信任感，更該堅持做個可以讓孩子安心的父母。

## 許願

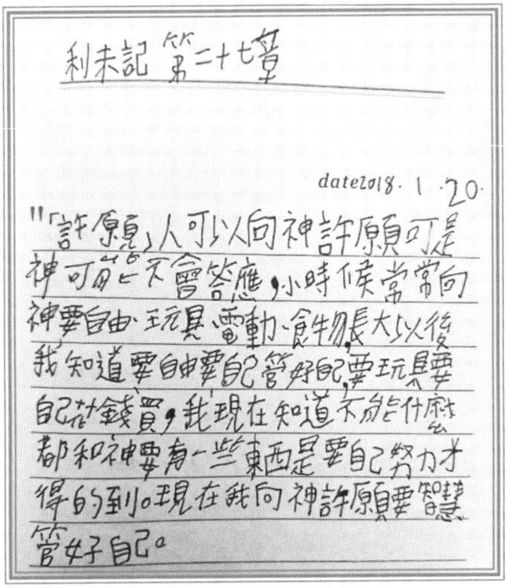

利未記 第二十七章

date 2018.1.20.

"「許願」人可以向神許願可是
神可能不會答應，小時候常常向
神要自由、玩具、電動、食物，長大以後
我知道要自由要自己管好自己，要玩具要
自己花錢買，我現在知道不能什麼
都和神要，有一些東西是要自己努力才
得的到。現在我向神許願要智慧
管好自己。

阿路的讀經記錄是媽媽在育兒中很棒的療癒！

# 每一個孩子都是獨一無二的

## 跟別人的孩子相處

我身邊許多的媽媽朋友們，除了問我有關孩子的教養問題之外，最常聽到的抱怨和被問到的問題就是：「為什麼別人都不經過我的同意，就隨便的餵食我的孩子、教養我的孩子、親我的孩子？」諸如此類的問題。

的確，從有了孩子之後，我也發現，絕大多數的人都「很自我」的跟別人家的孩子相處，例如，看到孩子就任意的餵食糖果、餅乾，自以為地教育別人的孩子……其實這些小動作看在家長眼裡，大都是反感或排斥的。

那麼到底這些「別人」該怎麼拿捏與「別人孩子」相處的分寸呢？這個主題有點複雜，三言兩語很難說得完，要歸納也不容易。我以媽媽的立場，先舉一些可以通用的原則和較頻繁的事件來分享：

**第一個大原則：尊重孩子家長的養育方式**

也就是說，**你要對別人的孩子做什麼動作之前，先詢問過家長就對了**，例如，食物方面，很多人跟孩子相處時，最容易使用的方式就是買東西或拿東西請孩子吃，不論是餅乾、糖果、飲料等等，但其實「食物」才是最需要經過詢問後才能給的，因為：

一、每個家庭對孩子能吃什麼，不能吃什麼，都有父母自己的規定。

二、孩子本身可能有不能吃的東西、可能會過敏或生病不能吃。

三、三歲以下的孩子不適合吃巧克力；過多的甜食和加工食品對孩子的學習和注意力都有影響。

所以，給孩子任何食物前，請先詢問孩子的家長。

這個部分最難完全執行在於，大部分的人都覺得自己是「偶爾」讓孩子吃到的那一個，「偶爾」應該沒關係吧！但殊不知，在這個物資豐足的年代，其實已經沒有什麼是「偶爾」吃到了，試想，若孩子每天都喝了一杯汽水，那還算偶爾嗎？所以，請讓孩子家長來決定給或不給。

**第二個大原則：禮貌地提醒，而非教育別人的孩子**

在和別人家的孩子相處時，除了尊重他是一個獨立的個體之外，更需要的是理解他，理解他還無法完全控制自己的情緒和行為，理解他不懂得你的想法……但千萬不要因為孩子小、不懂事，就不在乎他的感受，跟他說話時，也要盡量詳盡的告訴他你為什麼要這麼做。

舉一個大家最常碰到的例子：

我們常會在在大眾交通工具，如捷運、公車上，遇到奔跑、玩鬧的別人家孩子，有些人可能直接就會去訓斥孩子。但下次若再遇到同樣的情況，不妨試著依前面建議的多給孩子一些尊重和理解，也許你可以直接走向前跟孩子說：「小朋友，這是公共空間，你的奔跑可能會讓你自己或別人受傷；你的玩鬧會吵到需要休息的人，請你要一起遵守公眾場合的秩序喔！」

當然，這些在實際操作時都需要配合一定的技巧，或許會有點難度，但相信只要有禮貌、理性的溝通，不論是對孩子或孩子的家長，都是比較能接受的方式哦！

**不分年齡、將心比心，尊重與同理，相信都會是很好的待人方式。**

# 媽媽內心話

每個孩子的特質或性格都是獨一無二的，沒有任何標準模式能有效套用在每個孩子身上，但尊重和禮貌的面對每個孩子是肯定需要的。

另外，不論你喜不喜歡，永遠要尊重其他父母教養小孩的方式，即使看不過去，也要先給予尊重，如同你肯定也不喜歡其他人對自己在教養孩子的事上指手畫腳一般。

## 曾經新手爸媽的那一段日子

最近身邊好多朋友陸陸續續的生小孩，比起朋友來說，比較早當媽媽的我，有些小小的心得想跟新手爸媽們分享：

**一、謙卑卻自信的當你孩子的父母**

當了十四年多的媽，我也曾懷疑自己是否能做個好媽媽？尤其是當孩子出現許多狀況時，更是沒有自信。

感謝神！在這個學習的過程中不斷的指引我、告訴我，我就是最「適合」恩恩和阿路的媽咪了。**媽媽不需要完美，所以請丟掉「好媽媽」的迷思**，當妳丟掉這包袱時，自然對孩子就會有更大的包容和接納。

另外，面對一無所知的小嬰兒也請保持謙卑，他不是你的所有物，他是一個獨立且寶貴的個體，去認識他、瞭解他、試著明白他的想法、同理他的感受。

**二、永遠不要怕犯錯**

沒有人一開始就會當媽媽的，錯了就改，沒什麼大不了！

**三、方法沒有最好的，只有最適合的**

家人、朋友、專家、學者的意見都很好、也不好，聽完要能分辨及消化，再從中找出最適合自己的方式。

### 四、讓孩子習慣大人的生活方式

常常聽到很多媽媽說有了孩子之後，就不能做這個、做那個的，連出個門也很難！每次聽到這樣的話都不可置信！孩子是加入這個家的新成員，要讓舊成員們配合新的成員，怎麼樣都說不過去，畢竟這個世界不會繞著孩子轉，他終究要學會適應每個他要加入的新環境裡。但也的確，有了孩子之後，很多事情無法完全像單身時那樣的我行我素，可也千萬不要被孩子綁住了。我想鼓勵父母們，開剛始雖然辛苦，但培養孩子能很快適應每個環境，長久來看，絕對是利多的呀！

還有太多太多的心情想分享……但聽別人說，不如自己走一趟來得真實！在新手爸媽的這一路上，我發現，即使聽得再多，或自認為做了萬全的準備，許多的狀況總是在出其不意的時候出現，就且戰且走吧！

祝福所有的新手爸媽們，都能找到最適合自己與孩子的教養方式！

# 媽媽內心話

有時候看到朋友家裡的小BABY，都會讓我想起那一段初為人母的日子，即使已經相隔許久，許多情景仍是歷歷在目。我常常在想，若是時光倒流或是再來一次，我會不會做得更好？不重蹈覆轍？我自己都不知道！畢竟，養兒育女真的沒有一定的公式或所謂唯一有效的方法，重要的還是父母自己能夠不斷思考、實驗，不要怕犯錯，只要能從錯誤中學習就好！唯一可以肯定的是，「愛與陪伴」絕對是最好的養分。

# 暖心加演小劇場

## 生日快樂

今天幫恩恩慶祝生日……

「明年恩恩就十五歲了，說不定生日就不是跟我們過了。」阿婆有感而發。

「恩恩，你幾歲會不理我？」爸爸突然問。

「我覺得恩恩不管幾歲都不會不理我。」我脫口而出。

「很難不理媽媽啊！」恩恩說。

「那我咧？」爸爸繼續追問。

恩恩沒說話……

「＊ #@……」（爸爸的反應）

「如果我長大像你，應該也不會不理你啦！」

聽到兒子酷酷地回答，我已經笑到不行！

十四歲生日快樂！最愛的兒子。

## 同場加映：「精心時刻」讓我們家人的關係更親密

大家平常在家裡都用什麼方法來提升家人關係呢？

在我們家，每週都會有一個晚上是全家人聚在一起的時間，在這個特定的時間裡，我們會一起唱詩歌、分享聖經、分享彼此的生活，這段時間是我們家的「精心時刻」，透過每週的精心時刻，不只能加深家人間的感情，更是讓孩子們知道爸媽對他們的愛，也讓爸媽成為孩子們能夠信任的人。

我常常被許多的父母問到：這個時間可以做些什麼呢？要怎麼來經營呢？

今天就藉由我們家曾經進行的**「誰說的」**小活動，**透過一起看繪本「星空下的舞會」來示範，如何利用精心時刻，讓家人間能學習看見彼此優點的眼光，也用這樣的機會表達對彼此的感謝**，你也可以跟家人一起試著做做看哦！

## 活動名稱：**「誰說的」**看見你的好

一、目的：提升家人關係／感情更親密

二、對象：全家人（比較適合家中有十～十六歲孩子的家庭）

三、事前準備：

＊預備水果點心（在活動過程中可以享用）

＊「星空下的舞會」繪本

＊十二張卡片（卡片張數依實際家中成員而定，因我們家四個人，一人要分三張，共十二張）／舒服的音樂、布置溫馨的環境，例如：擺設一瓶插花……等／事先和全家人商量這個精心時刻的時間，前一兩天再提醒一次，讓家人準備好參與的心和時間。

四、流程（大約六十分鐘）：

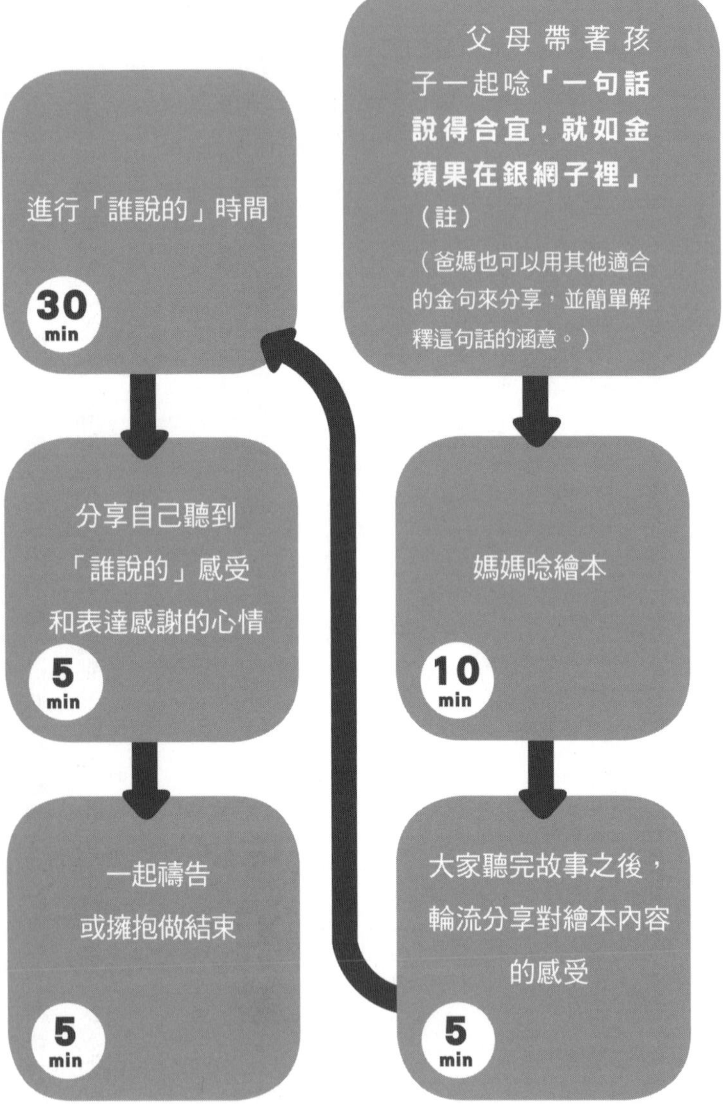
父母帶著孩子一起唸**「一句話說得合宜，就如金蘋果在銀網子裡」**（註）
（爸媽也可以用其他適合的金句來分享，並簡單解釋這句話的涵意。）
媽媽唸繪本
10 min
大家聽完故事之後，輪流分享對繪本內容的感受
5 min
進行「誰說的」時間
30 min
分享自己聽到「誰說的」感受和表達感謝的心情
5 min
一起禱告或擁抱做結束
5 min

「誰說的」活動說明：

✿ 一人發三張卡片，先在左上角寫上除了自己以外的三個人的名字

✿ 每個人說一個自己的缺點或覺得不好的地方，例如：我很愛生氣……

✿ 另外三個人就在卡片上，就這個缺點寫上自己看見的好的地方（如繪本裡的湯姆爺爺一樣），例如：「誰說的，你的感情很直接且豐富。」最後在每張卡片的背面寫上一句感謝對方的話，再輪流由三個人唸卡片給發言的那一位聽，每個人都要依上述的方式輪過一次。

＊「誰說的」小活動
更多詳細的解說影片

其實，只要父母親能夠多花點心思在這一週一次一小時的「精心時刻」上，不論是像我分享的「誰說的」活動，或者是小遊戲，甚至只是單純的分享近期的心情、想法，持之以恆的進行，相信一定能夠讓家人的關係更和諧、融洽、親密的。

註：「一句話說得合宜，就如金蘋果在銀網子裏」（聖經箴 25：11），出於所羅門王。

# 和孩子對話，你的孩子才會是你的孩子
## 用溝通陪你一起長大

**「對話」是關鍵！和孩子好好溝通，你的孩子才會是你的孩子。**

作　　者　林儒瑤
顧　　問　曾文旭
統　　籌　陳逸祺
編輯總監　耿文國
主　　編　陳蕙芳
文字編輯　翁芯俐
封面設計　吳若瑄
內文排版　王晴葳
圖片來源　圖庫網站：shutterstock
法律顧問　北辰著作權事務所

印　　製　世和印製企業有限公司
初　　版　2020年08月
（本書改自《陪你一起長大：教出懂思考、愛學習、溫暖又獨立的孩子》一書）
出　　版　凱信企業集團－凱信企業管理顧問有限公司
電　　話　（02）2773-6566
傳　　真　（02）2778-1033
地　　址　106 台北市大安區忠孝東路四段218之4號12樓
信　　箱　kaihsinbooks@gmail.com

定　　價　新台幣320元 / 港幣107元
產品內容　1書

總 經 銷　采舍國際有限公司
地　　址　235 新北市中和區中山路二段366巷10號3樓
電　　話　（02）8245-8786
傳　　真　（02）8245-8718

**國家圖書館出版品預行編目資料**

和孩子對話，你的孩子才會是你的孩子：
用溝通陪你一起長大 / 林儒瑤著. -- 初版.
-- 臺北市：凱信企管顧問, 2020.08
面；　公分
ISBN 978-986-98690-9-6(平裝)

1.親職教育 2.親子關係

528.2　　109010293

凱信集團

用對的方法充實自己，
讓人生變得更美好！